Polvere dei Suoi piedi

Volume 1

Polvere dei Suoi piedi

Volume 1

Riflessioni sugli insegnamenti di Amma

di

Swami Paramatmananda Puri

Mata Amritanandamayi Center, San Ramon,
California, Stati Uniti

Polvere dei Suoi piedi – Volume 1
Riflessioni sugli insegnamenti di Amma
di Swami Paramatmananda Puri

Pubblicato da:
M.A. Center
P.O. Box 613
San Ramon, CA 94583
Stati Uniti

——————— *The Dust of Her Feet 1 (Italian)* ———————

Prima edizione: aprile 2017

Disponibile anche presso: AMMA ITALIA
prodotti@amma-italia.it
amma-italia@amma-italia.it
www.amma-italia.it

In India:
www.amritapuri.org
inform@amritapuri.org

INDICE

DEDICA

Rendiamo omaggio a
Sri Mata Amritanandamayi Devi,
la Madre Universale
che allontana l'infelicità dal mondo,
disperde le tenebre che avvolgono i suoi devoti
e si rivela come
la Coscienza eterna che dimora nel cuore,
Colei che splende come la Verità trascendente,
sostrato di questo mondo e dell'aldilà.

PREFAZIONE

Dal 1968 Swami Paramatmananda Puri vive una vita di rinuncia in India, dove si è trasferito all'età di diciannove anni per assimilare l'essenza spirituale della grande e antica cultura indiana. Nel corso degli anni, ha avuto la fortuna di vivere accanto a molti santi e saggi e nel 1979 ha incontrato il suo Guru, Mata Amritanandamayi.

Durante il suo primo incontro con Amma, lo Swami le ha chiesto come avrebbe dovuto continuare la sua *sadhana* (pratica o insieme di pratiche spirituali, N.d.T.) e Amma ha risposto: "Diventa come la polvere sotto i piedi di tutti". Ecco da dove Swami Paramatmananda ha preso ispirazione per il titolo di questo libro.

Molti anni dopo, Amma ha chiesto allo swami - uno dei suoi discepoli di più lunga data - di ritornare negli Stati Uniti per servirla come responsabile del primo ashram in Occidente, il Mata Amritanandamayi Center in California, dal 1990 al 2001.

Numerosi residenti e visitatori del Centro ricordano ancora i discorsi di Swami Paramatmananda come grandi fonti di ispirazione. Raccontava delle sue esperienze in India, della sua comprensione degli insegnamenti di Amma e delle Scritture e anche del suo percorso spirituale. Con arguzia e senso dell'umorismo, ha proposto una sintesi tra Oriente e Occidente e creato un forum aperto a tutti attraverso il quale è possibile arricchire le proprie conoscenze spirituali.

Dal suo ritorno in India nel 2001, lo swami non ha più tenuto discorsi pubblici e molte registrazioni dei suoi *satsang* non sono ancora state pubblicate. Questo libro è un tentativo di condividere quel materiale e alcuni degli articoli che ha scritto dopo essere tornato in India.

L'editore
M. A. Center
1 settembre 2014

CAPITOLO UNO

Un modello incomparabile

Cosa ottiene una candela consumandosi? Nulla. La sua esistenza consiste nel diffondere luce. Anche gli alberi vivono per gli altri: sopportano il calore del sole per donare ombra a chi si riposa sotto le loro fronde e gli alberi da frutta producono frutti che verranno consumati da altri. L'albero offre persino il proprio corpo a chi lo taglia per ricavarne legna da ardere o per costruire. La maggior parte degli esseri umani ritiene inconcepibile una vita così altruistica. In noi prevale l'egoismo, ma esistono delle anime, molto rare, che vivono nella più completa abnegazione e la cui vita trascende l'esistenza umana. Esse vengono in questo mondo solamente per guidare gli altri verso lo stato di consapevolezza nel quale sono stabilite. La loro esistenza è un perenne sacrificio. Queste persone dedicano il loro tempo, la loro energia, la loro libertà, il loro riposo, la loro salute e la loro vita privata per donarci la pace interiore e indicarci come raggiungere quello stato di coscienza.

Inizialmente, è possibile che soddisfino i nostri desideri e rimuovano le nostre sofferenze e paure, ma il loro scopo ultimo è risvegliarci dal lungo sogno di *maya* e condurci a un'esistenza nell'*Atma* basata sull'altruismo. Tutto ciò può richiedere molto tempo e molta energia, ma questo è l'unico scopo della loro vita. Una tale idea potrebbe apparire astratta fino a quando non si incontra una figura come Amma. È molto raro che tali esseri si incarnino e noi siamo estremamente e incredibilmente fortunati di poterci relazionare con lei.

Amma è un modello per i suoi innumerevoli devoti. È difficile immaginare che nella storia dell'umanità possa essere mai esistito un modello simile; le qualità di Amma sono talmente incomparabili che difficilmente potremo emularle, nemmeno in minima parte. Possiamo però sforzarci di coltivarne almeno qualcuna. Tra queste, una delle più evidenti è l'altruismo. La vita di Amma è l'espressione di un costante altruismo.

Nessuno sforzo è vano

Si dice che ciò che è naturale per i *Mahatma* dovrebbe essere coltivato dagli altri. In tal modo, ci sintonizzeremo gradualmente con il loro stato di coscienza e ne condivideremo la pace e la beatitudine. Passare dal nostro stato attuale di egoismo al loro stato di abnegazione totale è un grande salto, ma non è impossibile.

Sfortunatamente, nella maggior parte della gente che incontriamo e frequentiamo troviamo pochissime doti che meritino di essere emulate; peraltro molti di noi, influenzati dagli altri, tendono a farsi attrarre più facilmente dalle qualità negative. Se tuttavia, grazie alle giuste compagnie, progrediamo anche di poco sul cammino spirituale, questo nostro sforzo non andrà mai perduto.

Come dice Sri Krishna nella *Bhagavad Gita*:

> "In questo yoga, nessuno sforzo è vano e non c'è ostacolo che possa prevalere. Praticare anche solo un poco di questa disciplina libera da grande paura".
>
> – Cap. 2, v.40

Una donna anziana morì e la sua anima fu portata dinanzi a Yama, colui che giudica le anime dopo la morte, per soppesare le buone e le cattive azioni da lei compiute in vita. Yama scoprì che l'unica buona azione che la donna aveva fatto era stata quella di dare sdegnosamente una carota a un mendicante affamato.

La carota venne chiamata a testimoniare. Alla donna fu chiesto di afferrarla, ma la carota cominciò a salire verso il cielo portando con sé la donna. Fu allora che apparve il mendicante che si aggrappò al vestito della donna e fu portato in alto assieme a lei. Molte altre anime lo seguirono e si innalzarono verso il Cielo, grazie al merito acquisito per aver donato quell'unica carota. All'improvviso, la donna guardò giù e vide la catena di anime aggrappate a lei.

Si mise a urlare: "Ehi voi, staccatevi! Questa è la *mia* carota!" Senza accorgersene, accompagnò queste parole con un gesto della mano e, avendo lasciato la carota, la povera donna cadde insieme a tutto il suo seguito!

Le lodi sono il nostro nemico

Gli esseri come Amma non badano alle opinioni degli altri e non si curano delle lodi o delle critiche che ricevono.

Amma dice: "Non ho bisogno di nessun attestato!" I *Mahatma* sanno perfettamente chi e cosa sono e restano sempre fedeli alla loro natura. Se qualcuno li critica, fanno introspezione per vedere se la critica è fondata: se non lo è, la ignorano, altrimenti si correggono. Essi sanno che tutto quanto accade è frutto della volontà universale. Poiché leggono nei cuori di ognuno e conoscono i pensieri di tutti, gli elogi non hanno alcun potere su di loro.

I versi che seguono sono stati composti da Swami Sadasiva Brahmendra, un grande santo del sedicesimo secolo:

> "Non importa se un uomo consideri il mondo al pari di un filo di paglia e sia sempre assorto nelle sacre Scritture. Difficilmente sfuggirà alla schiavitù se cede alla vile adulazione, questa prostituta".

Quando questo swami prese il *sannyasa*, divenne un monaco itinerante, rimanendo immerso nel Sé. Un giorno, mentre riposava in un campo con un mattone sotto la testa come cuscino, passarono alcune donne che esclamarono: "Che razza di sannyasi è questo? Ha ancora bisogno di un cuscino!"

La volta successiva, quando le vide arrivare, lo swami gettò via il mattone. Nel vederlo, le donne dissero: "Che razza di sannyasi è questo? Si preoccupa ancora delle opinioni altrui!" Non potremo mai vincere se ci lasciamo influenzare dagli elogi e dalle critiche.

Da bambino, mentre andava a scuola, Benjamin Franklin era solito passare davanti alla bottega di un fabbro. Sapete bene come sono i bambini quando vedono qualcosa di interessante: si fermano e la fissano rapiti. Un giorno Benjamin vide il fabbro svolgere un compito difficile: affilare gli attrezzi sulla mola. Vedendo che il ragazzino era molto interessato, il fabbro lo chiamò e gli disse: "Ehi, vieni qui, bel bambino, ti piace la mia bottega? Te la faccio visitare". Fece con lui il giro della bottega, mostrandogli ogni cosa, e poi chiese: "Dove stai andando?"

"A scuola".

"Oh, ma tu sei un così bel bambino, così intelligente! Mi daresti una mano? Sono sicuro che puoi aiutarmi ad affilare i miei strumenti per un po', sembri davvero bravo!

Se lodate così un bambino innocente, egli sarà pronto a tutto. Benjamin si sentì in dovere di aiutare il fabbro e accettò la proposta. L'uomo gli mostrò allora la mola per affilare gli attrezzi. Dopo un'ora di duro lavoro, il bambino aveva le braccia così doloranti che gli sembrava stessero per cadere a terra, e si disse: "Devo andare a scuola, si sta facendo tardi. Cosa mi succederà adesso?"

E così disse all'artigiano: "Senta, non posso restare più a lungo". Ma l'uomo rispose: "Oh, ma tu sarai senz'altro l'alunno più dotato, il più intelligente della classe. Anche se arrivi in ritardo, non accadrà nulla. Sono certo che supererai tutti i tuoi esami, non hai neppure bisogno di studiare. Non ho mai incontrato un ragazzino bravo come te, sai usare la mola come nessun altro".

Sebbene le braccia fossero ormai senza forza, Benjamin terminò il lavoro e poi corse a scuola. Il direttore lo picchiò con una bacchetta. A quei tempi, quando un bambino si comportava male, gli veniva inflitta una punizione corporale. Dopo l'accaduto, Benjamin decise che in vita sua non avrebbe più prestato attenzione alle lodi di nessuno.

Questo potrebbe essere il motivo per cui si dice che "quando il diavolo ti accarezza, vuole la tua anima". Dopo aver trascorso del tempo con Amma, potrebbe sembrare che gli altri ci critichino per errori che non abbiamo commesso. Prima di allora non avevamo mai avuto questo tipo di problemi. Anch'io mi sono trovato in tali situazioni per molto tempo. Senza dubbio, esse mi hanno mostrato quanto mi facessi condizionare dalle opinioni altrui.

Senza una ragione apparente, un giorno Amma mi chiese se mi sentivo ancora contrariato quando mi criticavano. Quando Amma vi fa una domanda, dovete rispondere con assoluta onestà perché lei vede tutti i nostri pensieri come attraverso un vetro. Non dirle la verità equivale a una mancanza di fiducia e di abbandono, che mostra quanto siamo attaccati al nostro ego.

Riflettei su questa domanda e poi risposi: "Sì, ancora un po'". In seguito, mi parve che i problemi fossero meno frequenti. Penso che tutti noi abbiamo delle debolezze da superare, se vogliamo progredire spiritualmente, e Amma crea le circostanze necessarie per permetterci di farlo. È importante raggiungere uno stato di equilibrio interiore non influenzato da lodi o da critiche. Un tale stato ci permetterà di fare l'esperienza dell'Atman. Sforziamoci di coltivare l'equanimità.

L'orgoglio del saggio Narada

Il grande saggio Narada era molto orgoglioso della sua abilità nel suonare la *vina*. Proprio come Amma con i suoi devoti, il Signore Krishna voleva aiutarlo a superare questa debolezza e così invitò molti tra i più grandi musicisti nella sua residenza di Dwaraka. Narada accettò l'invito e anche Hanuman si presentò, sotto le sembianze di una comune scimmia.

Il Signore Krishna chiese a Narada di suonare la *vina*. Fu un'esecuzione magistrale, il pubblico apprezzò il talento musicale del grande saggio e tutti, ad eccezione del Signore, lo applaudirono. Al termine del concerto, il Signore Krishna chiese ad Hanuman: "Cosa ne pensi della musica di Narada?"

Narada interpretò queste parole come un grande insulto nei suoi confronti e, avvilito, abbassò la testa. Il Signore Krishna disse: "Narada, perché hai l'aria così abbattuta?" Narada restò in silenzio per qualche minuto prima di rispondere: "Signore, qui ci sono molti musicisti di grande talento e Tu mi hai coperto di ridicolo chiedendo l'opinione di una scimmia che ignora tutti i rudimenti della musica. Sono veramente ferito".

"Mio caro", rispose Sri Krishna, "non sentirti offeso. Presta gentilmente la tua *vina* a questa scimmia. Vediamo se è un'artista e sa suonarla". Ancora più irritato, Narada mormorò qualche parola. "Cosa stai mormorando?" domandò Krishna. "Dimmelo, ti prego!". Narada rispose: "Questo strumento è molto delicato e mi è caro come la vita stessa. Se lo do a questa scimmia, lo distruggerà".

Il Signore esclamò: "Non temere! Prestaglielo pure, me ne assumo io la responsabilità".

A malincuore, Narada consegnò lo strumento alla scimmia. Hanuman non era affatto risentito per le parole offensive del saggio, era un *Mahatma* dalla mente perfettamente equanime e aveva un grande autocontrollo. "Facci ascoltare la tua musica incantevole, o scimmia", disse Sri Krishna.

Hanuman cominciò a cantare "Ram-Nam" con grande fervore, accompagnandosi con la *vina*. La sua musica superò quella di Narada e i presenti ne furono estasiati. La musica di Hanuman fece fondere persino le pietre. Tutti lo elogiarono, compreso Narada.

Il Signore Krishna disse: "Narada, sono felice di vedere che anche tu hai apprezzato la musica di questa scimmia: un'esecuzione davvero eccellente".

Narada abbassò il capo pieno di vergogna e, cadendo ai piedi di Sri Krishna, esclamò: "Signore, Ti prego, perdonami! Come posso valutare i meriti degli altri? Tu sei onnisciente, Tu solo ne sei capace".

Quando Narada cercò di riprendere il suo strumento, si accorse che non riusciva a sollevarlo da terra. Chiamò quindi Sri Krishna: "Signore, non riesco a sollevare la *vina*. Questa scimmia mi ha giocato un brutto tiro. Aiutami a riprenderla!"

Sri Krishna rispose: "Vediamo se gli altri riescono a sollevarla. Tutti provarono, senza alcun risultato. Il Signore chiese allora agli altri musicisti se sapessero cosa fosse successo.

Un musicista molto esperto disse: "La pietra sulla quale è stata appoggiata la *vina* si è fusa mentre la scimmia suonava e lo strumento è leggermente sprofondato. Quando la musica è finita, la pietra si è nuovamente indurita e la *vina* è rimasta imprigionata". Il Signore Krishna invitò allora Narada a suonare: "Narada, suona, in modo che la pietra si fonda e tu possa riavere il tuo strumento".

Narada cantò e suonò a lungo, ma tutti i suoi sforzi furono vani. Allora Krishna chiese a Hanuman di esibirsi e dopo qualche istante la pietra si fuse. Umiliato, Narada riprese lo strumento. In quel momento, capì che l'intera vicenda era stata ideata dal Signore per rimuovere il suo orgoglio. Scoprì inoltre che la scimmia non era altri che Hanuman, il grande devoto. Narada l'abbracciò con grande affetto e si scusò per il suo comportamento.

L'orgoglio musicale di Narada fu così distrutto ed egli diventò un uomo migliore.

A volte il Signore si prende gioco dei Suoi devoti al solo scopo di rimuovere il loro ego. L'orgoglio è uno dei più gravi difetti dell'essere umano ed è molto difficile da sradicare. Anche la persona migliore può caderne preda; l'orgoglio può guastare tutto ciò che abbiamo compiuto e rovinare la nostra vita, indipendentemente dai nostri talenti, risultati e successi, come una macchia nera rovina irrimediabilmente un foglio di carta immacolato.

Cerchiamo dunque di rinunciare all'orgoglio coltivando l'umiltà, aiutati dalla grazia del Guru.

CAPITOLO DUE

Siamo pronti per il Vedanta?

Per quanto riguarda lo studio delle Scritture, Amma dice che "idealmente, un aspirante spirituale dovrebbe dedicare la maggior parte del suo tempo al *japa* e alla meditazione. Dedicare troppo tempo allo studio delle Scritture renderà difficile sedersi in meditazione. Qualche aspirante spirituale potrebbe pensare: "Io sono *Brahman*, perché dovrei meditare?" Pur tentando di meditare, la mente non glielo permetterà e lo costringerà ad alzarsi. La conoscenza delle Scritture fa sorgere il desiderio di cambiare le persone. Figli, cosa ricaverete dal dedicare tutta la vostra vita allo studio delle Scritture? Per conoscere il gusto dello zucchero, non occorre mangiarne un sacco intero, ne basta un pizzico".

Amma pensa che i ricercatori spirituali debbano studiare i testi del *Vedanta*, ovvero i *Brahma Sutra*, le *Upanishad*, alcune opere di Shankaracharya, ecc., che illustrano la filosofia dell'*Advaita*, il non dualismo. In sintesi, l'*Advaita* sostiene che "L'universo, voi e Dio siete un tutt'uno indivisibile, siete Pura Coscienza". Questi testi espongono questa verità sublime in vari modi, aiutandosi con molti esempi e racconti.

Potrà sembrare strano che persino i neofiti imparino la filosofia più elevata. Per tradizione, il *Vedanta* dovrebbe essere insegnato solo a

> "... coloro che sono divenuti idonei a ricevere questo insegnamento, avendo bruciato tutti i loro peccati (azioni *adharmiche*) con austerità intraprese in numerose vite; la loro mente è pura e il loro intelletto è in grado di discernere tra il reale e l'irreale. Indifferenti ai piaceri di questo e dell'altro mondo, sanno controllare la mente e i sensi, dominare le passioni e rinunciare alle azioni ritenendole un inutile fardello. Con fede ferma e animo tranquillo, cercano ardentemente la libertà dalla schiavitù".
>
> – *Advaita Bodha Dipika*

Se esaminiamo l'elenco di queste qualità, è evidente che la maggior parte di noi non è qualificata per ricevere questo insegnamento. Perché, allora, Amma desidera che apprendiamo il Vedanta nel modo tradizionale? Perché dobbiamo innanzitutto comprendere intellettualmente lo scopo ultimo dell'esistenza umana e come raggiungerlo. Una volta che avremo assimilato questa dottrina che illustra la Verità suprema, esso rimarrà impresso per sempre nel nostro subconscio, anche se non ci pensiamo. È fondamentale avere un'idea chiara del nostro vero obiettivo nella vita. Esso dovrebbe diventare il pilastro su cui poggia la nostra esistenza.

Poter comprendere, almeno intellettualmente, l'esperienza di Amma, ci permetterà di trarre il massimo beneficio dal nostro legame con lei. Lo scopo finale della sua vita di Guru realizzato nel Sé è guidarci verso il suo stato di Pace infinita. Capire il vero scopo della nostra relazione con lei accelererà questo processo.

Per provare i benefici delle verità enunciate dal *Vedanta*, dobbiamo innanzitutto concentrarci sulla Realtà. La Realtà Suprema, Dio, il Guru, il Sé o *Brahman*, è ciò che c'è di più sottile. Ecco perché si consigliano varie pratiche devozionali, come i canti sacri, il *japa*, la meditazione e la preghiera, per affinare e stabilizzare la mente. Gradualmente, essa si focalizzerà e si ritrarrà dagli oggetti esterni e dai pensieri e potremo concentrarci sul Divino. Se invece studiassimo il *Vedanta* senza devozione e senza un Maestro spirituale, potremmo andare incontro a strane esperienze.

Le perversioni del Vedanta

Prima che all'ashram si tenessero corsi sul *Vedanta*, Amma inviò uno dei suoi giovani residenti a studiare in un'altra istituzione le Scritture, per poterle poi insegnare ai futuri residenti. Quando il ragazzo apprese di essere *Brahman*, decise che non era più necessario scrivere ad Amma. Non avendo bisogno di ricevere lettere per conoscere i nostri pensieri, Amma comprese subito cosa stesse accadendo e disse: "Lui ora pensa di essere *Brahman* e di non avere più bisogno di me", e decise di scrivergli:

> "Figlio, se scrivi la parola zucchero su un foglio di carta e lo lecchi, ne sentirai la dolcezza? Così è anche il tuo *Brahman*: un *Brahman* sulla carta".

Una donna andava abitualmente nel tempio vicino a casa sua per ascoltare discorsi spirituali sul profondo significato delle scritture devozionali, come il *Bhagavata* e il *Ramayana*, dopo che il marito si era recato al lavoro. Il *pandit* spiegava che Krishna è il Sé Supremo e le *gopi,* le Sue amiche d'infanzia, sono i vari nervi del corpo che vengono vivificati al Suo contatto. Il Signore Rama è Dio e Sita è l'anima individuale. Ravana è l'ego e le sue dieci teste rappresentano i dieci organi di senso. I fiumi Gange, Yamuna e Sarasvati sono la *kundalini shakti* in ognuno di noi, e così di seguito.

Ascoltando queste interpretazioni, la donna cominciò a pensare: "Tutto è dentro di me. Perché dovrei dunque preoccuparmi di alzarmi alle quattro del mattino, lavarmi, celebrare la *puja* e altri rituali?" Decise quindi che non l'avrebbe più fatto. Poiché aveva smesso ogni pratica mattutina, il giorno seguente dormì fino alle sette. Il marito, che si era già alzato, si accorse che lei non gli aveva preparato l'acqua per il bagno e così si avvicinò al letto della moglie e gridò: "Dov'è l'acqua per il mio bagno? Viviamo assieme da vent'anni e ogni giorno mi prepari un secchio pieno d'acqua, tranne oggi. Si è prosciugato il pozzo? Non ti senti bene?"

Sbadigliando, la moglie si girò e disse: "I fiumi Gange, Yamuna e Sarasvati sono dentro di te sotto forma di *kundalini shakti*. Puoi attingere acqua da loro".

Accorgendosi dell'atteggiamento spirituale fasullo della moglie, l'uomo pensò che doveva escogitare qualcosa e così disse: "Capisco. Hai raggiunto uno stato molto elevato, non credo potrai cucinare oggi. Andrò in ufficio più tardi e cucinerò per tutti".

La donna riprese a dormire e il marito preparò il pasto, ma nella porzione della moglie mise una quantità tripla di peperoncino. Poi nascose tutti i recipienti che contenevano acqua e tolse anche il secchio dal pozzo. Infine chiamò la moglie per la colazione. Dopo aver mangiato, la donna si sentì ardere dalla sete e cominciò a correre per la casa in cerca di acqua. Si precipitò al pozzo, ma il secchio era sparito. Cercò i vasi d'acqua, ma senza trovarli. "Acqua! Dov'è l'acqua? Sto morendo di sete!", gridò.

Sorridendo, il marito rispose con calma: "I fiumi Gange, Yamuna e Sarasvati sono dentro di te. Perché non bevi quell'acqua?" La donna capì il suo errore e, pur continuando a ricordare le verità spirituali apprese, non le applicò più in quel modo alla sua vita quotidiana.

> "Conserva l'*Advaita* nel cuore senza trasformarlo in azioni. Anche se applichi i suoi principi ai tre mondi, figlio, non applicarli mai al Guru".
>
> – *Tattvopadesa*, v.87 - Sri Shankaracharya

Amma e tutti i saggi del passato affermano che il semplice studio delle Scritture non può dare l'esperienza del Sé. Soltanto la *sadhana* può purificare la mente dai suoi pensieri apparentemente infiniti, preparando la strada all'esperienza diretta del Sé. Per *sadhana* si intende tutto ciò che può focalizzare la mente irrequieta sulla Verità.

Amma dice che "le Scritture sono come cartelli che indicano lo scopo. Questo è il loro unico uso. La foto di un cocco non darà mai delle noci di cocco. Non basta disegnare la piantina di una casa per viverci. Dobbiamo costruire la casa secondo la piantina, solo allora potremo abitarci. Le Scritture sono paragonabili alla foto o alla piantina. Bisogna impegnarsi per raggiungere l'obiettivo".

Amma sottolinea la necessità di meditare. Innanzitutto, cosa s'intende per meditazione? Alcuni di noi avranno forse letto gli *Yoga Sutra* di Patanjali, un testo che espone uno dei sistemi di pensiero più scientifici e analitici conosciuti. Questa opera non si occupa della scienza che riguarda la materia, ma della scienza che riguarda il controllo delle attività mentali. Per chi desidera una pace interiore duratura, questa è la conoscenza più preziosa.

Gli aforismi iniziano con la definizione dei fondamenti dello yoga:

> "Lo yoga è la soppressione delle modificazioni della mente. Quando questo accade, il veggente dimora stabilmente nella sua natura essenziale (il Sé). In caso contrario, egli assume la forma del flusso dei pensieri".
>
> – Cap. 1, vv.2-4

Chi è il veggente? Il soggetto, colui che in ognuno di noi dice: "Io". In genere, il veggente si identifica con la mente e con il corpo. Controllando il flusso dei pensieri, questa identificazione cessa e ciò che resta è la nostra vera natura, il puro Io. Tutto ciò sembrerebbe molto semplice, e lo è, ma non è facile gestire la complessità infinita della mente. Nella pratica spirituale, "semplice" e "facile" sono due cose diverse.

Perché controllare la mente?

Ma perché bisogna controllare la mente? Amma non si stanca mai di ripeterci che, finché la mente non si acquieta, finché non assaporiamo la pace che nasce dal controllo di noi stessi, non potremo mai essere veramente felici. Anche se tutti i nostri desideri sono soddisfatti, anche se abbiamo una moglie o un marito meravigliosi, dei figli, un buon lavoro, un'assicurazione sulla vita e sulla salute, un bel conto in banca, ecc., la pace che ne ricaviamo è molto fragile e può svanire in qualsiasi momento.

Come reagiremmo se perdessimo tutto il nostro denaro? Se ci fosse un crollo in Borsa o un aumento dell'inflazione? O se avessimo un incidente, ci ammalassimo o perdessimo una persona cara? Tutto può andare storto in qualsiasi momento. Se la nostra pace si basa unicamente sugli oggetti e sulle circostanze esterne siamo come "un uccello su un ramo secco che può spezzarsi da un momento all'altro".

Amma ci dice che per trovare la pace è meglio rafforzare la mente anziché dipendere dalle persone o dagli oggetti del mondo. Il solo modo per riuscirci è meditare e svolgere altre pratiche spirituali: non c'è altra via.

Così come nell'universo è presente la forza di gravità, esiste una forza, chiamata *maya*, che attira continuamente la nostra mente e i nostri sensi verso il mondo esterno. Questa forza nasconde la nostra vera natura all'intelletto e ci fa credere di essere il corpo e la mente. Ecco perché pensiamo che la felicità sia fuori e non dentro di noi. Nel sonno profondo abbiamo un piccolo assaggio di questa felicità interiore: in quello stato non siamo consapevoli del corpo e neppure del mondo – esiste solo la pace. In genere, nella ricerca incessante della felicità e della pace, i desideri sorgono uno dopo l'altro. Anche se ne soddisfiamo uno e per qualche tempo siamo felici e appagati, a poco a poco, la gioia della novità svanisce per lasciare posto a un altro desiderio. Questa è la natura di *maya*, che ci attrae sempre verso la direzione sbagliata, allontanandoci dal nostro Sé. È come la proverbiale carota appesa davanti al bue per fargli tirare il carro. Ogni volta che l'animale riesce a morderne un pezzetto, gliela si toglie - vita dopo vita. Il bue non riuscirà mai a mangiare la carota!

> "La felicità che proviene dai piaceri del mondo è solo un minuscolo riflesso della beatitudine infinita che esiste nel nostro Sé".
>
> – Amma

> "Se non ottenete ciò che desiderate, soffrite; se ottenete ciò che non volete, soffrite; persino quando ottenete ciò che volete soffrite comunque, perché non potrete averlo per sempre. La responsabile di questa difficile situazione è la mente, che vuole essere libera dal cambiamento, dalla sofferenza, dal vincolo di dover nascere e morire".
>
> – Socrate

Immaginate di voler per qualche motivo far rotolare un masso fino alla cima di una collina. Potreste impiegare molto tempo per capire come farlo nel migliore dei modi. Potrete pregare Dio e implorare la sua benevolenza ma, alla fine, dovrete costantemente lottare contro la forza di gravità con tutte le vostre forze. Se non lo spingete verso l'alto, il masso resterà dove si trova o scivolerà verso il basso. La forza di gravità è imparziale, non potete aspettarvi che scompaia mentre spingete. Il fuoco continuerà a bruciare sia che conosciate o ignoriate la sua natura.

Tutti, sia i bambini che gli adulti, si bruciano se ci mettono la mano sopra.

Allo stesso modo, tutti danzano al ritmo di *maya*, che sappiano o meno della sua esistenza, che lo desiderino oppure no. Se vogliamo sfuggire a *maya*, è necessario uno sforzo tenace e costante; più è intenso, meglio è. Amma afferma che "non possiamo prevedere quando vedremo Dio. Dipende dall'intensità del desiderio del ricercatore e dal suo sforzo. Se viaggiamo su un autobus ordinario, non possiamo esser sicuri di quando raggiungeremo la destinazione perché l'autobus si ferma molto spesso lungo il tragitto. Un autobus diretto, invece, fa solo qualche fermata. Possiamo quindi calcolare con maggiore accuratezza l'ora di arrivo. Allo stesso modo, se pensiamo a Dio senza sprecare nemmeno un attimo e agiamo con totale distacco, raggiungeremo l'obiettivo in breve tempo. Se la nostra *sadhana* manca d'intensità, non è facile prevedere quando arriveremo alla meta".

Amma sostiene che è meglio meditare a lungo anziché impiegare troppo tempo nello studio delle Scritture. Occorre la pratica, anche se poca. Dobbiamo controllare la mente: prima iniziamo, meglio è. La mente vaga sempre, come una scimmia inquieta. Dopo aver compreso la condizione attuale di questa mente irrequieta, dovremmo cercare di calmarla e condurla a concentrarsi su un solo punto. Sebbene esistano tantissimi modi per fare questo, Amma sostiene che il *japa* (che conduce infine alla meditazione) è il mezzo più semplice ed efficace. Dedicarsi anche solo per poco tempo al *japa* o a un'altra pratica spirituale porterà beneficio.

"I benefici della meditazione non andranno mai persi, resteranno sempre con voi, pronti a dare frutto al momento giusto".

– Amma

"In questo yoga, nessuno sforzo è vano e non c'è ostacolo che possa prevalere. Praticare anche solo un poco di questa disciplina libera da grande paura".

– *Bhagavad Gita*, cap.2, v.40

Forse molti di noi hanno la sensazione di non avere tempo per la *sadhana*. Potremmo pensare: "Devo andare in ufficio, occuparmi dei bambini e della casa". Effettivamente, c'è sempre qualcosa da fare. In realtà, se esaminiamo attentamente la nostra vita, ci accorgiamo che trascorriamo tantissimo tempo pensando a cose inutili. Non potremmo invece recitare o cantare il nostro mantra? Certo, occorre un po' di impegno perché questa diventi un'abitudine, ma è possibile.

Un giorno, una persona mi ha detto: "Tu puoi parlare di fare la *sadhana* perché non vivi nel mondo". In realtà, non si può rinunciare al mondo se non si è un *Mahatma*, stabilito nello stato trascendentale di *samadhi*. Fino ad allora, ovunque andrete, incontrerete il mondo. Finché abbiamo un corpo, siamo in un mondo. Potremmo desiderare di lasciare la Terra e vivere in un altro luogo nello spazio, ma anche quello fa parte del mondo.

Vera rinuncia significa svolgere il proprio compito con la mente impegnata nel *japa*. Naturalmente ci sono attività che richiedono l'uso della mente e ci impediscono di recitare il mantra. Il resto del tempo, tuttavia, invece di chiacchierare con gli amici, leggere riviste o cercare distrazioni dalla vita di ogni giorno, dedichiamoci al *japa*, alla lettura delle Scritture, alla meditazione, al canto dei *bhajan*, all'ascolto di *satsang* o a qualsiasi altra attività spirituale. In tal modo, progrediremo rapidamente sul piano spirituale.

Prima di lamentarci con Amma perché non progrediamo nella vita spirituale, riflettiamo sul tempo che sprechiamo in altre attività e pensieri. Ricordiamoci che la vera devozione e la vera meditazione sorgono quando la mente è costantemente rivolta a Dio, "... come dell'olio che viene versato da un contenitore all'altro".

> "Possa la mia mente fluire continuamente verso di Te,
> come il fiume Gange fluisce verso l'oceano".

Che questa sia la nostra preghiera.

CAPITOLO TRE

Un compito apparentemente impossibile

Sin dalla nascita, accettiamo inconsapevolmente l'idea che la natura della mente sia quella di pensare costantemente. Non lo mettiamo mai in dubbio. I pensieri possono essere buoni, cattivi o neutri. Anche i sentimenti, i desideri e le paure sono pensieri, così come lo sono le immagini e i suoni. La mente è uno spazio in cui i pensieri vanno e vengono.

Di per sé, la mente non è né buona né cattiva, sono i pensieri ad essere *dharmici* o *adharmici*. Amma afferma che - poiché la mente è un flusso di pensieri - è possibile interrompere questo interminabile chiacchiericcio e assaporare la pace, che è la natura innata della mente. Questo è il vero scopo dell'esistenza umana: fermare il flusso dei pensieri e fare l'esperienza di ciò che rimane, ovvero la pace che trascende ogni comprensione.

Sebbene questa profonda idea sia antica quanto gli antichi saggi indiani, essa merita la nostra attenzione. La mente è proprio davanti a noi, ben in evidenza, ma non la notiamo finché non diventa insopportabile. Gli antichi saggi dicono che il desiderio di comprendere e controllare la mente, liberandoci dalla sua tirannia, è frutto di innumerevoli buone azioni compiute in passato. La maggior parte degli esseri umani si preoccupa unicamente delle cose esteriori e dedica pochissimo tempo all'introspezione.

Tutti desiderano la pace interiore, nessuno vuole subire la tirannia della mente. Ma per essere liberi, è necessario che la nostra vita interiore sia interamente dedicata a questo scopo. Non ha importanza se una persona conduce o meno una vita monastica. Qualunque sia il nostro stile di vita, la mente esiste e deve essere domata. È un compito difficile per tutti. Molti aspiranti spirituali (*sadhak*) ci sono riusciti senza essere monaci e molti monaci hanno fallito. Ciò che conta è lo sforzo individuale.

Capire innanzitutto la natura del nemico

Per vincere un nemico è necessario comprendere innanzitutto la sua natura. Solo allora i nostri sforzi avranno successo. Amma spiega che la mente è formata da una moltitudine di pensieri, apparentemente infiniti; potremmo paragonarla a un lago: quando non c'è vento, la superficie del lago è calma, ma quando soffia il vento, si alzano le onde; più il vento è forte, più le onde sono alte. Nel caso della mente, il vento è rappresentato dai desideri e dalle paure.

Istintivamente desideriamo una felicità duratura e priva di sofferenza. Ma come tentiamo di raggiungerla? Sappiamo che a volte siamo felici. Per quale motivo? Se cerchiamo la causa, ci accorgiamo che soddisfare un desiderio ci procura una sensazione di felicità o di pace. I desideri sono tanti e, finché la mente ne è ossessionata, vive nell'irrequietezza sino a quando essi non vengono soddisfatti. Le paure agiscono nello stesso modo.

Finché non affrontiamo la causa della nostra paura, non possiamo essere felici. Superare la paura ci rende felici e ci dà un senso di pace.

È necessario cercare sempre la felicità attraverso la soddisfazione dei nostri desideri? Ed è questa una cosa fattibile? I desideri sono infiniti: appena ne abbiamo soddisfatto uno, ne sorge subito un altro. Se osserviamo con attenzione la mente, sembra che la pace che sentiamo dopo aver esaudito un desiderio sia ciò che chiamiamo felicità. Poiché tale pace proviene dall'aver calmato la mente, non sarebbe possibile acquietare volutamente la mente e fare l'esperienza della felicità?

Purtroppo, siamo fermamente convinti che per raggiungere la felicità occorre realizzare ogni nostro desiderio e rimuovere tutte le nostre pene e sofferenze. Il fatto che quasi tutte le persone che conosciamo condividano questa illusione rende più difficile volersi seriamente risvegliare da questo stato.

Un incubo è un buon mezzo per svegliarci. Al contrario, quando facciamo dei bei sogni, continuiamo a dormire. Sembra che una vita di piaceri non ci inviti a riflettere seriamente sulla vita e sulla morte. Alcune persone rivolgono la loro attenzione verso scopi più elevati dopo aver provato un grande dolore o aver vissuto delle situazioni drammatiche. Anche la presenza di un *Mahatma* come Amma può risvegliare questo interesse.

La necessità di meditare

A quanti vanno da lei, Amma fa notare come essi stiano cercando erroneamente all'esterno, attraverso i sensi, la loro vera natura. Ne abbiamo una visione fugace quando la mente si è momentaneamente pacificata alla fine di una dolorosa ricerca, dopo che abbiamo ottenuto un oggetto desiderato o ci siamo liberati da una sofferenza.

Perché amiamo così tanto dormire profondamente? Perché ci procuriamo dei cuscini, un letto comodo, un ventilatore e un ambiente tranquillo? Perché in quello stato siamo liberi dalle infinite distrazioni dei sensi e dalla tirannia di una mente sempre inquieta e ci tuffiamo nel nostro Sé. Affinché questa condizione permanga, dobbiamo impegnarci nello stato di veglia a riportare la mente alla sua origine, al Sé. In che modo? Amma ci chiede di meditare per rallentare e infine fermare l'attività della mente, anche se non siamo naturalmente inclini a farlo.

Oggi la pratica della meditazione è piuttosto diffusa ed esistono numerosi tipi di meditazione in grado di soddisfare chiunque. I suoi benefici immediati, come la riduzione dello stress e un miglioramento della salute, sono stati ampiamente riconosciuti. Non solo le singole persone, ma anche le grandi aziende e le organizzazioni statali hanno aperto le porte a questa pratica.

Attualmente, potremmo paragonare i nostri pensieri a semi di senape sparsi a terra: sono ovunque. Occorre impegnarsi a fondo per radunarli e riunirli in un unico punto. Il successo nella meditazione dipende da quanto riusciamo a concentrarci. Immaginate di dover infilare un ago: un'attività manuale che richiede molta concentrazione. Mentre infiliamo l'ago, il respiro rallenta e la mente si raccoglie. Meditare è un processo molto simile a questo: si può meditare su un oggetto esterno o un suono interno, su un'immagine o un sentimento.

> "Figli, costringere la mente a meditare è come cercare di immergere un pezzo di legno nell'acqua. Appena si lascia la presa, il legno riaffiora. Se non riuscite a meditare, fate *japa*. Recitando il mantra, la mente diventa più propensa a meditare. All'inizio, è necessario meditare su una forma: in tal modo, la mente si fisserà sulla divinità preferita (*ishta devata*). Qualunque sia il modo in cui meditiamo e l'oggetto su cui meditiamo, l'importante è la concentrazione. Che senso ha affrancare una busta da spedire se ci dimentichiamo di scrivere l'indirizzo? Fare *japa* o meditare senza essere concentrati ha lo stesso significato".
>
> – Amma

Con queste parole, Amma vuole sottolineare l'importanza fondamentale della concentrazione e la difficoltà di meditare. E tuttavia, utilizzando strumenti adeguati come il *japa* e la perseveranza, è possibile riuscirci.

A volte, Amma paragona i ricercatori spirituali ai raccoglitori di cocco. Nel Kerala, lo stato in cui vive Amma, ci sono milioni di palme da cocco. Sapete come si colgono le noci di cocco? Non ci sono bracci meccanici o piattaforme che riescano a portare un uomo a quell'altezza, bisogna arrampicarsi sull'albero. In genere, i raccoglitori non usano nemmeno una fune di sicurezza. Salgono fino in cima all'albero, si tengono stretti al tronco con i piedi e una mano, e con l'altra tagliano le noci di cocco con un grande coltello.

Chi ha provato ad arrampicarsi su una palma da cocco sa quanto sia difficile. Si sale per qualche metro e poi si scivola giù perché non ci sono appigli. I raccoglitori incidono il tronco per avere maggiore presa, ma chi affiderebbe la propria vita a un simile accorgimento? Fino a poco tempo fa, chi nasceva in una famiglia di raccoglitori di noci di cocco per guadagnarsi da vivere diventava anch'egli raccoglitore, che lo volesse o no. Il padre insegnava il mestiere al figlio poco per volta, giorno dopo giorno, finché il giovane non imparava. E il figlio non poteva rinunciare solo perché arrampicarsi era difficile, altrimenti la famiglia come avrebbe potuto sopravvivere?

Un giorno capiremo che l'unico modo per essere in pace è acquietare la mente; compiremo allora questo sforzo con risolutezza e determinazione nonostante le difficoltà, convinti che non è possibile evitare questo passaggio obbligato se vogliamo raggiungere la meta. Non cercheremo di meditare per cinque minuti per poi dire a noi stessi: "Mah, lasciamo perdere. Non riesco a controllare la mente, è troppo agitata". Un concetto illustrato anche dal detto: "Ritenta, sarai più fortunato" oppure "Insegna più la pratica che la grammatica". Voler fermare la mente e cercarne l'origine è come nuotare controcorrente in un fiume impetuoso per arrivare alla sorgente. È possibile, ma solo con grandi sforzi.

Ogni *sadhak* fa la stessa esperienza: dopo aver compiuto innumerevoli tentativi per domare la mente, gli sembra che questo sia impossibile. Nella *Bhagavad Gita*, Arjuna, devoto di Krishna, gli confessa di provare questo stesso sconforto e il Signore lo incoraggia con il consiglio migliore:

Arjuna disse:

> "O Distruttore di Madhu, Tu m'insegni lo yoga dell'equanimità, ma non vedo come lo si possa mantenere poiché la mente è per natura irrequieta. Essa è instabile, turbolenta, forte e ostinata, o Krishna, ed è difficile dominarla quanto il vento".
> Il glorioso Signore rispose:
> "Senza dubbio, o figlio di Kunti dalle braccia possenti, la mente è irrequieta e difficile da controllare, ma è possibile riuscirci con la pratica e il distacco".
>
> – Cap. 6, vv. 33-35

Quando non si riesce a meditare, Amma consiglia di fare *japa*, ovvero ripetere un mantra o i nomi di Dio. Alcuni fra i più grandi santi indiani sono diventati tali attraverso il *japa*. Il servizio disinteressato, i canti devozionali (*bhajan*), il *japa* e la meditazione (*dhyana*) purificano gradualmente la mente dai pensieri e ci portano al totale assorbimento in Dio (*samadhi*), all'origine della mente.

Sforzarsi di raggiungere la pace interiore è davvero un esercizio di umiltà. Infine, capiremo che non è possibile ottenerla solo grazie ai nostri sforzi. In quel momento si farà strada la devozione che nasce dal sentirsi impotenti.

L'importanza dello sforzo

Mirabai, principessa indiana e grande santa vissuta nel XVI secolo, era devota del Signore Krishna e recitava incessantemente il Suo nome. Tulasi Das, autore del famoso testo devozionale *Ramacharitamanasa,* o *Tulasi Ramayana*, ripeteva costantemente "Ram, Ram". Namadev cantava "Rama Krishna Hari". Tutti questi *Mahatma* e molti altri prima e dopo di loro recitavano continuamente il nome del Signore finché nella loro mente non rimaneva nessun altro pensiero se non quello di Dio. Quando si raggiunge quello stato, per grazia di Dio, la Sua Presenza divina risplende in una mente così pura. Per pervenire a questo stato di felicità e pace sono necessari sia i nostri sforzi che la grazia di Dio.

Una donna aveva tre figli. Il marito era morto poco dopo la nascita dell'ultimo bambino e lei aveva dovuto crescerli tutti da sola. Tutti e tre diventarono persone eccezionali. Vedendoli, un suo parente le chiese: "Come hai fatto ad allevare da sola questi meravigliosi ragazzi?"

"Beh, ci sono voluti tanto coraggio e la grazia di Dio" rispose la donna.

"Che vuoi dire?"

"Pregavo Dio, dicendo: 'Io ci metto il coraggio e Tu donami la Grazia'".

C'è un proverbio che dice: "Aiutati che il ciel ti aiuta". Lo stesso vale per la vita spirituale. Non otterremo la grazia di Dio o del Guru restandocene seduti senza fare nulla. La nostra sincerità, la nostra umiltà e i nostri sforzi attraggono la grazia. Chi riceve la grazia sa di non essere nessuno e che Dio è tutto. Più una persona diventa umile per merito della grazia, maggiore sarà la grazia che riceverà.

Ecco alcune frasi di Amma sull'umiltà:

> "Per quanto piova, l'acqua non si fermerà sul tetto della casa o in cima alla montagna. Dalla vetta, tutta l'acqua scenderà a valle. Non otterremo nessun risultato finché permane il senso dell'io. La grazia si

riverserà in noi quando penseremo umilmente: "Non sono nulla". Una persona orgogliosa non farà buon uso delle circostanze favorevoli che le sono offerte. Manteniamo sempre l'atteggiamento di 'Io non sono nulla'".

"Per germogliare, il seme deve finire sotto terra, con l'atteggiamento di 'Io non sono nulla'. Se pensa altezzosamente: "Perché dovrei inchinarmi davanti a questa sporca terra?", il seme non potrà crescere, diventare una pianta e realizzare così la sua vera natura. Allo stesso modo, se coltiviamo e sviluppiamo l'umiltà, se il nostro ego si inchina dinanzi all'Essere Supremo e alla Sua creazione, vedendo ogni cosa come Lui, allora la nostra vera Natura potrà manifestarsi. Chi pensa: "Io sono grande, sono una persona speciale", in realtà è più piccolo di chiunque altro e cercherà sempre di mostrare il proprio ego in ogni sua azione. Come un pallone gonfiato, un giorno o l'altro scoppierà".

"Le persone veramente grandi sono quelle che si considerano serve di Dio e che servono tutti con umiltà e semplicità. La Realtà Suprema è dentro di noi, ma non ne siamo consapevoli. A causa del nostro ego, rimaniamo sul piano inferiore e materiale dell'esistenza. Ecco perché ignoriamo questa verità".

Un *Mahatma* è una persona che non possiede un grande ego, ma una grande anima, completamente libera dall'ego.

Diversi tipi di umiltà

Un potente re si recò un giorno alla moschea a pregare. Quando entrò era ancora l'alba e non c'era quasi nessuno. Inginocchiandosi, rivolse questa preghiera a Dio: "Signore, io non sono nessuno, non sono che polvere dei Tuoi Piedi". In quel momento, udì qualcuno ripetere le stesse parole in un altro angolo della moschea. Irritato, il re gridò: "Chi dichiara di non essere nessuno? Quando io dico di non essere nessuno, chi osa affermare la stessa cosa?"

Cercando chi avesse potuto offenderlo in quel modo, scoprì che si trattava di un mendicante. "Ricordati, quando un re dichiara di non essere nulla, nessuno può dire altrettanto, soprattutto se si tratta di un misero mendicante come te!", lo ammonì. Talvolta, persino l'umiltà può diventare fonte di orgoglio!

Si dice che una persona davvero umile non sia neppure conscia di esserlo.

Molto tempo fa, viveva un santo che era così buono che persino gli dèi scendevano dal cielo per vederlo. Gli dèi pregarono Dio di concedergli la grazia di fare miracoli e Dio acconsentì.

"Andate e chiedetegli quali miracoli vorrebbe compiere" disse il Signore.

Quando alcuni di questi dèi, molto simili alle divinità romane dai difetti molto umani, chiesero al santo quali poteri miracolosi desiderasse, egli rispose: "Desidero solo la grazia di Dio. Chi ha la Sua grazia, ha tutto".

"Devi esprimere un desiderio, altrimenti te ne verrà imposto uno" dissero gli dèi ignoranti.

"Va bene" replicò il santo. "Che mi sia accordato il potere di fare del bene a mia insaputa".

Perplessi, gli dèi si riunirono e presero questa decisione: ogni volta che l'ombra del santo fosse caduta in un luogo dove non era possibile vederla, lui avrebbe avuto il potere di curare i malati e donare pace e conforto ai sofferenti.

Così, ovunque andasse, i sentieri riarsi rinverdivano, gli alberi avvizziti rifiorivano, i fiumi secchi ritornavano a scorrere e le persone vicino al santo diventavano felici senza che lui se ne accorgesse.

Viveva semplicemente diffondendo la virtù come un fiore diffonde il suo profumo, senza esserne consapevole.

Lo sforzo e la Grazia

Una mattina, alcuni residenti dell'ashram erano seduti nello spiazzo davanti alla capanna dove viveva Amma. Amma era arrivata prima di me e stava meditando. Io mi sedetti senza fare rumore. Mentre cercavo di meditare, mi accorsi che era come cercare di controllare una scimmia ubriaca. All'improvviso, la mia mente diventò calma e concentrata. Non riuscii a capire cosa fosse accaduto. Aprii gli occhi e vidi Amma poco distante, seduta in meditazione.

Mi alzai e andai nella capanna a riposare. Poco dopo, Amma entrò e mi chiese com'era stata la mia meditazione. Quando le raccontai cos'era successo, disse: "Quando sei arrivato e ti sei seduto vicino a me, ho avvertito la tua presenza e la mia mente si è diretta verso di te; ha preso la forma di *Brahman* e si è avvicinata a te. Ecco perché la tua mente si è concentrata".

Come può la mente prendere la forma di *Brahman*? Non ne ho la minima idea, ma queste furono le sue parole.

"Amma, è stata la tua grazia?"

"Perché ne dubiti?"

"Beh, vorrei che diventasse più duratura. Come posso ricevere ancora un po' di questa grazia?"

"Figlio, non si tratta di qualcosa che puoi comprare in un negozio, devi desiderarla intensamente. Tutto qui".

"La devo meritare?" chiesi.

"Non puoi meritarla. La grazia non è qualcosa che si merita, semplicemente fluisce. Continua la tua *sadhana* e quando attrarrà la mente di Amma, allora la grazia si riverserà su di te. Ecco tutto".

Forse qualche devoto potrà pensare: "Oggi ho meditato dieci minuti, dovrei quindi ottenere almeno cinque secondi di grazia". Impegnarsi per meritare la grazia non è come una transazione commerciale. Dobbiamo impegnarci, ma potremmo avere la sensazione di non ricevere nulla persino dopo una vita intera di sforzi. Ciò nonostante, dobbiamo fare il nostro dovere e aspettare.

Qualcuno potrebbe dire: "Quell'individuo non ha fatto praticamente nessuna *sadhana*, eppure ha ricevuto la grazia di Dio ed è diventato santo in una notte, di colpo". Se ci accade di incontrare un'anima rara come questa, significa che essa aveva intrapreso molte austerità (*tapas*) nelle vite precedenti.

Nell'India del Nord ci sono molte vecchie residenze costruite alcuni secoli fa, durante la colonizzazione britannica. Un giorno, un giardiniere e i suoi aiutanti erano intenti a pulire il terreno di una di queste residenze, strappando le erbacce e la vegetazione superflua. All'improvviso, la zappa del giardiniere colpì qualcosa di solido da cui scaturì un gettò d'acqua. Sorpresi, tutti gridarono: "Da dove viene quell'acqua?" Si misero a cercare e scoprirono una fontana che nel corso dei secoli era stata coperta dalla vegetazione. Allo stesso modo, se incontriamo o sentiamo parlare di qualcuno che ha raggiunto una condizione spirituale elevata con poco o addirittura senza sforzo, ciò non dipende da qualche grazia speciale, ma è piuttosto il frutto degli sforzi intensi compiuti in un'altra vita.

Un giorno un uccellino depose un uovo sulla riva dell'oceano. Naturalmente, l'uovo fu subito trascinato via dalle onde. Il povero uccellino era molto addolorato e, stizzito, decise di prosciugare l'oceano per riprendere il suo uovo. Cominciò a immergere le ali nell'acqua e poi a scuoterle sulla terra. Lo fece per molto tempo finché il re degli uccelli, il celeste Garuda, andò a vedere cos'era successo al suo piccolo devoto.

"Cosa stai facendo?" gli domandò. Quando seppe cos'era accaduto, il suo cuore fu mosso a compassione per il dolore di questa povera creatura. Garuda cominciò allora a sbattere le sue ali ed essendo molto potente creò grandi mareggiate, agitando l'oceano e tutte le sue creature. Infine, arrivò il dio dell'oceano e chiese: "Cosa succede, Signore?"

"Hai portato via l'uovo di questo uccellino".

"Davvero? Non me n'ero nemmeno accorto".

"Ridaglielo o non smetterò di sbattere le ali finché non sarai prosciugato".

Allora l'oceano si mise a cercare, trovò l'uovo e lo restituì all'uccellino.

Questa storia tratta dalle *Upanishad* mostra come opera la grazia. Sebbene il compito di soggiogare la mente e fare l'esperienza del Sé sembri impossibile nel nostro attuale stato di identificazione con il corpo e con la mente, l'intensità dei nostri sforzi finirà per commuovere il cuore del nostro Guru e la grazia irromperà, cancellando ogni traccia di *maya* ed elevandoci alla nostra Vera Natura. Noi dobbiamo compiere lo sforzo e attendere, il Guru sa bene quali sono le sue responsabilità.

CAPITOLO QUATTRO

Il contatto con Brahman

Nel nono secolo viveva in Persia un mistico sufi di nome Mansur Al Hallaj. Considerato come la figura più controversa del misticismo islamico, egli rappresenta per antonomasia l'amante ebbro d'amore per Dio. In estasi, dichiarava: "*Anna al Haqq*", ovvero "Io sono la Verità". A volte esclamava: "Sotto il mio turbante non è riposto nulla se non Dio. Sotto il mio mantello non c'è nulla se non Dio. Io sono Colui che amo e Colui che amo sono io. Siamo due spiriti in un unico corpo. Se vedete me, vedete Lui e se vedete Lui, vedete entrambi".

Per i musulmani non sufi, e anche per qualche sufi, tali affermazioni erano blasfeme. Com'è possibile affermare "Io sono la Verità"? Dio è la sola Verità. Come può un essere umano essere la Verità? A quel tempo e in quel luogo, le persone attorno a lui ritenevano tale affermazione oltraggiosa. A causa di queste sue asserzioni mistiche, l'uomo venne processato e condannato. Imprigionato per undici anni nel carcere di Bagdad, fu torturato e infine giustiziato.

Purtroppo Mansur Al Hallaj non era nato in India, dove persone come lui sono onorate come *Mahatma*!

Questo santo aveva realizzato il Sé, l'*Atman*, e sapeva che il corpo non era il suo vero Sé. Quando Sri Ramakrishna, il grande Maestro spirituale di Calcutta vissuto nel XIX secolo, apprese da alcuni devoti che uno yogi era stato torturato e ucciso nel villaggio vicino da alcuni dei suoi abitanti ignoranti, disse:

> "Il corpo è nato e morirà, ma l'anima non conosce la morte. Quando è matura, la noce di betel si stacca dal guscio, mentre quando è ancora acerba è difficile separarla. Una volta che si è realizzato Dio, non ci si identifica più con il corpo: si sa che il corpo e l'anima sono due cose diverse".
>
> – *Il Vangelo di Sri Ramakrishna*

Le parole di Mansur Al Hallaj ci ricordano molto quelle di Gesù. Prima di Lui, probabilmente nessuno in Israele aveva raggiunto lo stato supremo della realizzazione di Dio. Senza esitazione, Gesù dichiarò: "Io e il Padre mio siamo una cosa sola. Se conosceste me, conoscereste anche il Padre mio: a partire da ora, voi Lo conoscete e Lo avete visto. Io sono la via, la verità e la vita". Anche Gesù fu ucciso da persone spiritualmente ignoranti.

Questi saggi percepivano la loro unità con la Realtà Assoluta. L'idea che noi siamo Quello, immortali ed eterni, va oltre la nostra immaginazione. In realtà, persino la stella più lontana dell'universo è dentro e non fuori di noi. Questa è l'esperienza di Amma espressa in *Ananda Veethiyil*, un canto da lei composto:

> "La Madre (Devi) mi ha detto di chiedere alle persone di realizzare lo scopo della loro nascita umana.

> La mia mente è pienamente sbocciata ed è immersa nella luce variopinta del Divino. Da quel giorno non riesco più a percepire nulla di diverso o separato dal mio proprio Sé, tutto è Unità".

Questa è l'esperienza a cui dovremmo aspirare ed è ciò che Amma sta cercando di ispirare in ognuno di noi mostrando come esempio la sua vita. Indipendentemente da quanto tempo impiegheremo, ne vale veramente la pena.

La *Bhagavad Gita* dice:

> "Quando la mente, controllata dalla pratica dello yoga, raggiunge la quiete, quando, vedendo il Sé attraverso il sé, lo yogi trova la sua gioia nel Sé; quando assapora l'infinita beatitudine che può essere colta dal puro intelletto e che trascende i sensi; quando prende stabile dimora nel Sé, egli [lo yogi] non si allontana più dalla Realtà. Avendola raggiunta, costui comprende che non c'è acquisizione più alta. Saldamente stabilito in essa, nulla lo può scuotere, nemmeno un grande dolore. Sappi che questo distacco dall'unione con il dolore è chiamato yoga (unione con il Divino). Tale yoga dovrebbe essere praticato con determinazione e senza perdersi d'animo".
>
> – Cap. 6, vv. 20-23

In realtà, non c'è nulla di più desiderabile della realizzazione di Dio. Non esiste uno scopo superiore. Se riuscissimo ad avere almeno una visione fugace di Dio, la nostra vera Natura, capiremmo che tutti i piaceri e la felicità di cui facciamo l'esperienza non sono che un Suo pallido riflesso. In qualche modo, l'abbiamo completamente dimenticato, ce ne siamo allontanati e siamo diventati anime completamente rivolte all'esterno, confinate alla coscienza corporea.

L'unicità dell'India

Nel 1987, Amma è andata per la prima volta negli Stati Uniti. Il mattino dopo il suo arrivo, andai in camera sua per vedere come si sentisse dopo un viaggio così lungo. Avevo anche una domanda da farle: "Amma, le antiche Scritture indiane, come lo *Srimad Bhagavatam*, affermano che grazie a grandi meriti (*punyam*) è possibile nascere in India. Ma dopo essere tornato in America, se paragono la vita di un uomo medio americano a quella di un indiano, mi sembra che in India la gente soffra di più. Qual è dunque il significato di questa affermazione delle Scritture?"

Non mi aspettavo questa sua risposta: "Figlio, è vero che la vita di un indiano medio è più dura di quella delle persone di qui, ma, nascendo in India si viene a conoscenza della filosofia del *Sanatana Dharma,* che ci insegna che l'obiettivo ultimo della vita è realizzare il Sé e liberarsi dal ciclo apparentemente senza fine di nascita e morte (*samsara*).

In effetti, i concetti stessi di *samsara* e di liberazione sono propri dell'India. Quando li incontri in altri paesi, puoi essere sicuro che, in un passato lontano, sono stati importati dall'India. Da migliaia di anni, innumerevoli sono i *Mahatma* nati in India e i devoti che hanno seguito il cammino verso la Liberazione. Queste vibrazioni sono presenti e saturano ancora oggi l'atmosfera. Possiamo attingervi attraverso una vita di devozione e di ascesi. Questo non accade fuori dall'India".

Quando si dimenticano le nobili verità spirituali e si conduce una vita interamente materialista, il mondo sembra molto reale e Dio, o il Sé, completamente irreale. Ma quando Amma li abbraccia, molti hanno la fortuna di vedere un piccolo riflesso di Quello: il suo abbraccio guida innumerevoli anime sul sentiero della Liberazione, lo stato che trascende il dolore.

Il Signore Krishna dice: "Il distacco dall'unione con il dolore è chiamato yoga. Bisogna praticare questo yoga con determinazione e senza perdersi d'animo".

Se vogliamo essere liberi da ogni forma di sofferenza (fisica, mentale ed emotiva), non c'è altra via che conseguire lo stato dello yoga. Yoga significa unione. Unione con cosa? Con il nostro Sé. Attualmente, la mente e il corpo hanno preso il posto del nostro Sé, ci siamo allontanati dalla nostra vera natura. Abbiamo l'impressione che il corpo sia "il mio io" e che la personalità o l'ego siano "il mio io". Si tratta di una condizione dolorosa da cui cerchiamo in qualche modo di uscire. La ricerca del piacere è un tentativo di dimenticare il dolore dell'individualità, del nostro piccolo e falso "io". Se amiamo così tanto dormire, è perché possiamo dimenticare per molto tempo questo piccolo "io". L'esperienza diretta del Sé mette fine alla sofferenza.

È necessario svolgere con determinazione e senza perdersi d'animo delle pratiche che ci conducano a questo stato. Perché Krishna precisa: "senza perdersi d'animo"? Di solito, compiamo delle azioni per soddisfare i nostri desideri, ma quando cerchiamo di ottenere l'esperienza del Sé, costatiamo che i desideri trascinano la mente e i sensi nella direzione opposta. Ci sforziamo di calmare la mente e di raccoglierci in noi stessi, andando alla sorgente, ma, nonostante questo fermo proposito, la forza dei desideri passati tiene la mente rivolta all'esterno, in uno stato di irrequietezza. Potremmo paragonare questa condizione al voler immergere un tappo di sughero nell'acqua: riuscirci è praticamente impossibile. Quando la lotta è molto lunga, si può cadere preda dello sconforto o della depressione.

I veri aspiranti spirituali, tuttavia, non si arrendono mai. Come ci riescono? Ad esempio, i devoti di Amma hanno fatto l'esperienza di qualcosa che va oltre il piacere dei sensi. Almeno per qualche istante, hanno potuto accedere agli strati superiori del Sé grazie alla forza spirituale che emana da Amma. La maggior parte di loro non può dimenticare questa sensazione di purezza, innocenza e pace.

Il Signore Krishna dice nella *Gita*:

> "Abbandonando senza riserve tutti i desideri nati dal pensiero e dall'immaginazione, tenendo a freno con la mente tutti i sensi rivolti in ogni direzione, che lo yogi si raccolga gradualmente in se stesso, aiutato da un fermo intelletto. Avendo fissato la mente sul Sé, che egli non pensi più a nulla. Qualunque sia il motivo che induce la mente instabile e irrequieta a vagabondare, che egli la riporti sotto il controllo del Sé. Ottiene la suprema beatitudine lo yogi la cui mente è in una pace profonda e che ha placato l'impulso ad agire. Senza macchia, è divenuto egli stesso uno con *Brahman*. Costantemente raccolto interiormente,

libero da ogni imperfezione, un tale yogi consegue facilmente la beatitudine infinita che scaturisce dal contatto con Brahman".

– Cap. 6, vv. 24-28

Krishna ci ricorda che i desideri nascono dall'immaginazione. Ciò significa che, se li analizziamo, sono inconsistenti. Crediamo che realizzando i nostri desideri saremo felici; indubbiamente proveremo piacere, ma in breve tempo questo piacere svanirà e sorgerà un altro desiderio. Di nuovo, faremo degli sforzi per soddisfarlo e continueremo così fino alla nostra morte.

Siamo soliti pensare: "Se solo avessi quell'oggetto, se solo facessi quella cosa, se andassi in quel luogo, sarei felice". Non soltanto la nostra felicità non durerebbe per sempre, ma potremmo persino rimanere scontenti di quell'esperienza.

La felicità e il piacere sono due cose diverse

Ciò che in effetti cerchiamo nel mondo è il piacere, ma il piacere e la felicità sono due cose diverse. Senza fermarci a riflettere, riteniamo che il piacere *sia* la felicità e che se riuscissimo a passare da un piacere all'altro saremmo sempre felici.

È tuttavia impossibile essere immersi costantemente nel piacere perché esso è, per sua natura, limitato. Gli organi di senso si affaticano e si logorano se usati eccessivamente e lo stesso vale per la mente. Ciò che ora ci procura gioia può diventare più tardi motivo di sofferenza.

Per quanto si possa nuotare nei piaceri, arriverà sempre un momento in cui desidereremo rivolgere la mente all'interno e dormire, poiché è nel sonno che proviamo una felicità non condizionata dal mondo e dai sensi. Questa è la felicità innata del nostro Sé, sebbene essa sia quasi completamente oscurata dalle tenebre dell'ignoranza. Con la giusta pratica, possiamo vivere pienamente e costantemente l'esperienza della gioia del Sé, persino nello stato di veglia.

Acquisire gradualmente la padronanza di sé

Non esagerate nel cercare di controllare la mente perché potreste cadere nella depressione e nel disappunto. Dovete agire in modo graduale. Anche le auto odierne, con computer integrato, hanno bisogno del rodaggio per non danneggiare il motore. Gli esperti consigliano di "evitare di guidare alla massima velocità, fare gare di velocità o trainare rimorchi pesanti durante i primi 1.500 chilometri". Allo stesso modo, se siete nuovi nel sollevamento pesi, potreste stirarvi un muscolo o farvi anche più male se cercate di sollevare un peso eccessivo. Se invece allenate gradualmente i muscoli, non vi accadrà nulla.

Anche la mente è una sorta di muscolo. Se procedete a tutto spiano, potreste rischiare un'indigestione mentale ed emotiva e, scoraggiati e depressi, decidere persino di abbandonare la vita spirituale. Sebbene l'intento di acquisire la padronanza di sé sia quello di mantenere costantemente la mente calma e assorta in Dio o nel Sé, per riuscirci è necessario consacrare almeno una vita intera a tale scopo. Alla fine, raggiungere questo stato diventerà facile e naturale come cavalcare un cavallo docile.

Una storia della mitologia greca illustra bene questo concetto. Il mitico eroe Milo di Crotone diventò l'uomo più forte del mondo sollevando un vitello e attraversando ogni giorno il suo villaggio con l'animale sulle spalle, finché questo non divenne un bue. Milo sviluppò la sua forza trasportando regolarmente il vitello mentre cresceva di dimensioni e di peso; il corpo di Milo fu così in grado di adattarsi al carico. Allo stesso modo, se aumentiamo progressivamente la durata della nostra pratica spirituale, possiamo facilmente giungere a una condizione in cui la nostra mente è costantemente immersa nella spiritualità.

Praticare l'introspezione

Il Signore Krishna afferma: "Qualunque sia il motivo che induce la mente instabile ed irrequieta a vagabondare, che egli [lo yogi, N.d.T.] la riporti sotto il controllo del sé". Questo concetto è molto importante. Una volta che abbiamo deciso di voler acquietare i pensieri, dobbiamo coltivare a poco a poco una natura introspettiva. Solitamente non ci comportiamo in questo modo: volgiamo il nostro sguardo e il nostro pensiero all'esterno e verso gli altri, mai verso noi stessi. Dobbiamo osservare la mente e capire cosa la distragga così tanto da impedirci di concentrarci ed acquietarci. Alla base, c'è l'impulso a seguire il richiamo dei sensi.

Il Signore Krishna dice:

> "Colui che è incapace di controllare i sensi non possiede né la saggezza né la capacità di meditare. Senza meditazione, non c'è pace. E chi non trova pace, come può essere felice? Perché la mente che rincorre i sensi nel loro vagabondare porta via con sé ogni discernimento, proprio come il vento porta via una barca sull'acqua. Per questo, o Arjuna dalle braccia possenti, è fermamente stabilito nella conoscenza chi ritrae i suoi sensi dai loro oggetti".
>
> – *Bhagavad Gita*, cap. 2, vv. 66-68

All'inizio, questa potrebbe sembrare un'impresa impossibile, ma è indispensabile compierla. A poco a poco, capiremo che cosa ci provoca tanta inquietudine e distrazione. Con la forza dell'introspezione, dobbiamo continuare a dirigere la mente irrequieta verso l'oggetto della nostra concentrazione. In tal modo, svilupperemo quella forza di volontà che a molti di noi manca.

Liberiamoci da ogni negatività

Una vita meditativa non solo pacifica la mente, ma dona qualcosa di più importante: l'esperienza "della beatitudine infinita del contatto con il supremo *Brahman*". Quando la *Gita* parla di liberarsi dal peccato, intende il liberarsi dagli effetti dei pensieri, delle parole e delle azioni che ci impediscono di accedere allo stato in cui sperimentiamo la beatitudine di *Brahman*.

Quando ci saremo purificati dai nostri difetti e dalle nostre negatività attraverso la *sadhana* e l'ascesi, faremo l'esperienza interiore della comunione con Dio, che è beatitudine infinita. Per "Dio" si intende l'origine stessa della mente e della creazione, velata dai nostri karma negativi passati. Questa esperienza ci renderà perfetti.

Le parole di Gesù esprimono concetti molto simili:

> "Avete inteso che fu detto: 'Amerai il prossimo tuo e odierai il tuo nemico'. Ma io vi dico: 'Amate i vostri nemici e pregate per quelli che vi perseguitano, affinché siate figli del Padre vostro che è nei Cieli: Egli fa sorgere il Suo sole sui cattivi e sui buoni e fa piovere sui giusti e sugli ingiusti. Infatti, se amate quelli che vi amano, che merito ne avete? Non fanno così anche

i pubblicani? E se porgete il saluto soltanto ai vostri fratelli, che cosa fate di straordinario? Non fanno così anche i pagani? Voi, dunque, siate perfetti come è perfetto il Padre vostro celeste".

– Matteo 5,43-48

È interessante notare come queste parole riflettano l'esempio che ci mostra Amma e il suo insegnamento d'amore universale.

Un brevissimo contatto con *Brahman* è sufficiente per bruciare il karma di innumerevoli nascite. Colui che intravede anche un piccolo barlume di Quello, non potrà mai dimenticarlo: tale è l'intensità della Beatitudine divina.

Il potere di Maya

"*Maya*, il grande potere dell'illusione, ci impedisce di progredire spiritualmente. Trascorriamo i nostri giorni confinati nella coscienza corporea e con il cuore pesante. Ahimè! Il demone del desiderio, che ci cattura con tentazioni illusorie, ci trascina nell'oscuro abisso di *maya*, dandoci in pasto al dio della morte! Se finite nella sua morsa, poveri voi, perché perderete la vostra anima. Tutte le preoccupazioni cesseranno soltanto se rinuncerete a ogni desiderio e vi affiderete completamente a Dio".

– Amma

Cos'è dunque *maya*? Ognuno di noi è sempre immerso in *maya*, anche se non ne è cosciente. Siamo come pesci sul fondo del mare, inconsapevoli di ciò che li sovrasta: l'immensità dell'oceano, la terra e i cieli.

Un giorno qualcuno mi disse: "L'altro giorno, *maya* si è impossessata di me, le mie *vasana* sono emerse". "C'è forse un momento in cui siamo liberi da *maya*? Un solo istante in cui le nostre *vasana* non affiorano? Forse volevi dire che ti sei accorto delle tue *vasana* più forti. Perché non affiori più nessuna *vasana*, occorre avere raggiunto il *samadhi*, uno stato in cui non esiste *maya*", risposi.

Dobbiamo comprendere la gravità della nostra condizione: siamo costantemente sotto l'incantesimo di *maya* e le nostre *vasana* sono sempre presenti, non scompaiono neppure per un momento. Nel sonno, esse sono nei nostri sogni. Le *vasana* sono presenti anche nel sonno profondo, in forma latente, in attesa di emergere al nostro risveglio. *Maya* ci porta a dimenticare la nostra vera natura, spingendoci ad indentificarci erroneamente con il corpo. Tutto questo ci induce a rivolgere la nostra attenzione all'esterno, un atteggiamento che può essere utile nella vita nel mondo, ma non a chi sta cercando di trascendere *maya*. Dobbiamo rivolgerci all'interno, verso il nostro Sé, e non dirigere l'attenzione all'esterno.

Amma afferma che "il desiderio ci fa rincorrere tentazioni illusorie e poi ci getta nell'abisso di *maya,* dandoci in pasto al dio della morte".

Nei *Veda* è contenuta questa invocazione:

> "Guidami dall'irreale al Reale, dalle tenebre alla Luce,
> dalla morte all'Immortalità!"
>
> – *Brihadaranyaka Upanishad* 1.3.28

Questo è il nostro stato attuale: siamo nelle tenebre di *maya*, incapaci di vedere la luce di Dio. Non abbiamo la consapevolezza di essere immortali e sappiamo che dovremo morire. Amma afferma che *possiamo* fare l'esperienza della nostra immortalità: è possibile trascendere la morte, ma solo se non ci lasciamo ingannare da *maya*, che ci mostra unicamente il lato piacevole delle cose, mai quello spiacevole. Percepire il lato doloroso delle cose è un segno della grazia.

Mentre tentiamo di trascendere *maya*, il piacere ci farà sempre cadere nell'illusione. Questo non significa che il piacere non esista: senza dubbio esso esiste ed è molto reale, ma è la sofferenza a spingerci a superare *maya*, cercando rifugio nel profondo di noi stessi, in Dio. Il dolore ci induce a cercare una via d'uscita che ci affranchi da questo asservimento apparentemente eterno, invece di essere sempre più coinvolti nel mondo.

Il leone e il recinto

Un leone venne catturato e portato in un campo recintato nel quale, con suo grande stupore, trovò altri leoni che vivevano lì da anni. Alcuni, nati in cattività, avevano trascorso tutta la vita in quel luogo. In poco tempo, il leone si abituò alle attività organizzate dalla struttura. I suoi compagni avevano costituito dei gruppi: uno di essi era formato da leoni socializzatori, un altro si occupava di attività commerciali, un altro ancora aveva uno scopo culturale, quello di preservare le usanze, le tradizioni e la storia di quando erano liberi. Vi erano anche gruppi religiosi che in genere si riunivano per cantare struggenti canti che parlavano di una giungla futura, senza recinzioni, associazioni letterarie e artistiche e gruppi rivoluzionari che complottavano contro i guardiani o si battevano contro altri gruppi rivoluzionari. Di tanto in tanto scoppiava una sommossa e un gruppo veniva sgominato da un altro, oppure le guardie venivano uccise e sostituite da altre.

Mentre si guardava intorno, il nuovo arrivato vide un leone che sembrava essere sempre molto assorto nei suoi pensieri, un solitario che non apparteneva a nessun gruppo e stava per lo più in disparte. In lui c'era qualcosa di strano che suscitava in tutti gli altri ammirazione e ostilità poiché la sua presenza generava paura e un senso di incertezza. Questo leone disse al nuovo arrivato: "Non unirti a nessun gruppo. Questi poveri sciocchi si preoccupano di tutto, tranne che dell'essenziale".

"E quale sarebbe l'essenziale?" chiese il nuovo arrivato.

"Studiare la natura del recinto".

Le apparenze a volte ingannano

Ci lasciamo facilmente ingannare dalle apparenze e dalla bellezza fisica. Quando vediamo una persona bella o attraente, pensiamo automaticamente che debba essere una brava persona. In realtà, potrebbe non essere affatto così. La persona più bella e attraente potrebbe essere un demone interiormente e qualcuno che è molto brutto o insignificante potrebbe essere un angelo: chi può dirlo? A differenza di Amma, non siamo in grado di leggere nella mente e nel cuore degli altri.

Buddha era un essere straordinario. Tra i suoi devoti c'erano migliaia di persone ispirate dal suo spirito di rinuncia. Un giorno, durante una delle sue peregrinazioni, arrivò in un villaggio; gli abitanti lo condussero in un luogo dove si erano radunati numerosi ammiratori in attesa del suo sermone. Egli rimase in silenzio per diverso tempo, finché qualcuno nella folla gli chiese:

"Cosa succede, Venerabile? Perché non cominciate il vostro *satsang*?"

"Aspetto qualcuno" rispose Buddha.

Erano presenti persone facoltose, studiosi, professionisti, funzionari governativi e tutte le autorità locali.

"Di chi si tratta? Noi siamo tutti qui. Chi manca?"

Alla fine, arrivò una pastorella vestita di stracci che si tenne al margine della folla.

"Ora posso cominciare, è arrivata", disse Buddha.

"Stavate aspettando quella ragazza? Non sapevamo nemmeno che esistesse".

"In tutto il villaggio, è l'unica in grado di comprendere. Lei mi ha invocato, anela a una vita nel *dharma* e mi ha pregato, sapendo che sarei venuto. Sin dal villaggio vicino potevo udire le sue preghiere ed è per questo che sono qui ora. È per lei, non per voi, che sono venuto qui".

Abbiamo visto Amma comportarsi nello stesso modo con quelli che si struggono per lei. Molti hanno fatto questa esperienza: alcune persone sedute tra la folla invocano piangendo Amma e immediatamente lei le guarda, inarca le sopracciglia o sorride. Si tratta di una 'chiamata locale', ma ci sono anche le 'chiamate a lunga distanza'.

Un giorno, Amma andò a far visita ad alcuni devoti. A un certo punto, si alzò, uscì dalla casa e si diresse verso un campo vicino. Lo attraversò, camminò per oltre un chilometro, mentre i devoti che la seguivano si chiedevano dove stesse andando. Infine, giunse a una casa in cui abitavano tre donne francesi che studiavano *kathakali*, un'antica tecnica di recitazione tipica del Kerala, in un istituto della zona.

Erano venute più volte all'ashram di Amritapuri per incontrare Amma e sapevano che stava facendo visita ad alcuni devoti del villaggio, ma non erano riuscite a liberarsi per andare da lei. Erano quindi rimaste a casa e stavano celebrando una *puja* davanti alla foto di Amma, piangendo disperate.

"Oh Amma, come possiamo fare per vederti? Non verresti a trovarci?" Sapevano bene che era impossibile, ma fu proprio allora che Amma entrò in casa loro! Questa era una chiamata a lunga distanza. A differenza di noi, Amma conosce i cuori di tutti.

La storia di re Mida

Alcuni pensano che il denaro sia tutto e lavorano giorno e notte per guadagnarlo. Credono che avere più denaro li renderà più felici, ma talvolta le persone ricche sono infelici e quelle povere felici. Questa convinzione è frutto del potere illusorio di *maya*.

Molto tempo fa, viveva un re chiamato Mida che amava così tanto l'oro da accumularne tonnellate in una stanza nel sottosuolo della reggia. Ogni giorno scendeva in quel luogo ed esclamava: "Che meraviglia!" Gli bastava vedere l'oro, toccarlo e farlo tintinnare per sentirsi al settimo cielo.

Mida aveva una figlia molto dolce e graziosa, che lui adorava. L'aveva chiamata Margherita perché lei amava quel fiore.

Un giorno, mentre si trovava nella stanza del tesoro, sentì un rumore. Si voltò e vide un uomo enorme vestito di bianco che lo osservava con uno sguardo di disapprovazione.

"Mida, tu hai molto denaro, non è così?"

"Sì, ne ho molto, ma dopotutto, guardate quanto oro esiste nel mondo! Ce n'è più di quanto io ne possieda".

"Vuoi dire che non sei soddisfatto di tutto questo oro? Ne hai a tonnellate e non sei ancora soddisfatto?" chiese l'uomo.

"Soddisfatto? Come potrei mai essere soddisfatto? Nonostante la quantità d'oro che possiedo, non sarò mai soddisfatto" rispose il re.

"Incredibile! Ebbene, io posso esaudire i desideri. C'è qualcosa che posso fare per te?" domandò l'uomo.

Senza esitare un secondo, Mida rispose: "Sì. Desidero che tutto quello che tocco si trasformi in oro".

"Sei sicuro di volerlo?"

"Certo, sarebbe fantastico. Questo mi renderebbe davvero felice!"

"D'accordo. A partire da domani, al sorgere del sole, qualsiasi cosa toccherai si trasformerà in oro". Detto ciò, l'uomo scomparve.

Mida pensò: "Devo avere fatto un sogno o qualcosa di simile. Cos'è mai successo?" e poi andò a dormire.

L'indomani, al suo risveglio, toccò leggermente la coperta per vedere se aveva sognato, ma la coperta non si trasformò in oro perché il sole non era ancora apparso all'orizzonte. Nel momento in cui il sole spuntò, le mani di Mida sfiorarono la coperta e questa si trasformò in oro!

"Ehi, guardate, guardate, funziona!" gridò il re. Saltò giù dal letto e cominciò a correre per la stanza toccando ogni oggetto che, immediatamente, divenne d'oro. Il re era al colmo della gioia.

Guardando il giardino fuori dalla finestra, pensò di trasformare tutti i fiori in oro per far piacere alla figlia. Si disse:

"Sarà molto contenta se trasformerò tutti i fiori in oro!" Scese dunque in giardino e toccò tutti i fiori.

Tornando nella sua stanza vide il libro che stava leggendo la notte precedente e lo prese in mano per continuare la lettura. Oops! Anche questo diventò d'oro. "Oh no, ora non posso più leggere il libro. Non importa, meglio che sia d'oro".

Nel frattempo gli era venuta fame e chiese che gli venisse servita la sua solita colazione: caffè, qualche panino e della frutta, ma quando cercò di mangiare, tutto si trasformò in oro.

"Hmmm, come farò ora a fare colazione?" Persino il bicchiere d'acqua si trasformò in oro puro.

Il problema stava diventando molto grave. Non sapeva cosa fare. "Cosa mi accadrà? Morirò di fame? Non posso mangiare l'oro". Mentre se ne stava seduto a piangere, arrivò sua figlia Margherita con un mazzo di fiori d'oro.

"Papà, cos'è successo ai miei bei fiori? Non profumano più, non crescono più, non si muovono più, sono tutti rigidi!"

"Oh, figlia mia, pensavo che così ti sarebbero piaciuti molto di più".

"Io voglio dei fiori vivi, non un pezzo d'oro senza vita!" gridò la ragazza. Poi, vedendo la disperazione del padre, gli si avvicinò e lo abbracciò.

"Papà cosa c'è che non..." disse. Ma non riuscì a finire la frase perché si era trasformata in una statua d'oro. Questo fu troppo per il re, che cadde a terra piangendo, lamentandosi della sua sorte. Fu allora che udì una voce.

"Sei felice, re Mida? Il tuo desiderio è stato esaudito, tutto ciò che tocchi si trasforma in oro".

"Sono l'uomo più infelice della terra. Ti prego, ridammi mia figlia, non voglio più questo oro. Se solo potessi tornare com'ero prima donerei tutto il mio oro".

"Vai a bagnarti nel fiume e torna con un secchio d'acqua. Se vuoi riportare qualcosa alla sua forma originaria, spruzzaci sopra dell'acqua" gli disse la voce.

Quando tutto ritornò alla normalità, re Mida non volle mai più guardare l'oro. Ora, l'unico oro che amava era quello che brillava nella luce del sole e nei capelli di sua figlia.

Non dovremmo lasciarci ingannare dalle apparenze. La maggior parte delle persone considera il denaro una fonte di felicità e anche la bellezza potrebbe apparire come tale. Sia il denaro che la bellezza hanno una loro funzione, ma non sono importanti come il nostro vero Sé.

Un giorno capiremo che nulla ci può colmare quanto la beatitudine infinita che scaturisce dal contatto con *Brahman*. Questo stesso *Brahman* è la nostra Amma, il nostro vero Sé.

CAPITOLO CINQUE

Il Guru è indispensabile

"Per un aspirante spirituale, il Guru è indispensabile. Se un bambino si avvicina al bordo di uno stagno, la mamma gli farà notare il pericolo e lo allontanerà. Allo stesso modo, il Guru impartisce le istruzioni necessarie quando la situazione lo richiede. La sua attenzione è costantemente rivolta al discepolo".

– Amma

Questo pensiero della tradizione indiana è onorato e seguito da migliaia di anni in India. Tranne poche eccezioni, tutti quelli che in passato hanno realizzato il Sé avevano un maestro spirituale. Quelli che non lo avevano, erano nati già perfetti oppure la loro *sadhana* sotto la guida di un Guru nelle vite precedenti era stata così rigorosa che, nell'incarnazione successiva, gli servivano solo pochi sforzi per giungere alla Realizzazione ultima. Per queste grandi anime, il Guru eterno, o Dio, splendeva interiormente come la luce della consapevolezza che le guidava nell'ultimo tratto del cammino. Non possiamo paragonarci a loro: per noi, è essenziale avere un Guru.

La storia di Namdev

Circa settecento anni fa, nello stato indiano del Maharashtra viveva un grande santo chiamato Namdev. Costui non era un comune devoto: sin dall'infanzia, poteva vedere il Signore Vishnu, che chiamava Vithoba, e giocare con Lui come un bambino gioca con un suo amico. Un giorno, il Signore sentì che per Namdev era giunto il momento di passare a uno stadio successivo della *sadhana*, in cui poter vedere e percepire la presenza di Dio sia nella mente – come luce della consapevolezza – sia all'esterno, in ogni cosa del creato. Vithoba chiese quindi a Namdev di andare a Terdoki, dove si stava svolgendo una festa annuale alla quale avrebbero partecipato molti *Mahatma*.

Parecchi illustri santi dell'epoca, come Jnanadev, Nivruttinath, Sopanadev, Muktabai e Chokhamela, si erano radunati nella casa di un vasaio, il santo Gora Kumbhar. Dopo che tutti i *Mahatma* si furono accomodati, Jnanadev chiese a Gora di usare la sua grande abilità di vasaio per riconoscere la durezza dei vasi cotti nel forno, e scoprire quali santi presenti fossero "ben cotti".

Gora prese così il suo bastoncino da vasaio e colpì leggermente la testa di ognuno per valutarne la maturità spirituale. Tutti i santi si sottoposero docilmente a questa prova ma, quando fu il turno di Namdev, egli protestò e si alzò stizzito, mentre tutti gli altri, vedendo la sua reazione, scoppiarono in una grande risata. Gora dichiarò che Namdev non era ben cotto ed era ancora spiritualmente immaturo. Sconcertato e mortificato, Namdev corse nel tempio dal suo amato Vithoba. Si lamentò di quello che era successo, ma Vithoba rispose che i santi sapevano ciò che era meglio per ognuno. Questa risposta inaspettata contrariò ulteriormente Namdev, che esclamò: "Tu sei Dio, io parlo e gioco con Te. C'è qualcosa di più alto che un essere umano può ottenere?"

"Lo sanno i santi" ribadì Vithoba.

"Dimmi se esiste qualcosa di più reale di Te" continuò Namdev.

Con pazienza, Vithoba rispose: "Tra noi due c'è così tanta familiarità che i Miei consigli non avrebbero su di te l'effetto desiderato. Vai nella foresta, dal santo mendicante Vishoba Kechar, e apprendi la Verità".

Seguendo le parole di Vithoba, a malincuore Namdev si mise alla ricerca di Vishoba Kechar, ma quando lo vide non fu colpito dalla sua santità: questo uomo nudo, sporco e sdraiato per terra in un tempio, con i piedi su uno *Shivalinga*, era un santo? Com'era possibile? Da parte sua, il santo sorrise a Namdev e disse: "Ti ha mandato qui Vithoba?"

Questa domanda lasciò allibito Namdev, che divenne più propenso a credere alla grandezza di quell'uomo. "Si dice che voi siate un santo. Perché dunque state mancando di rispetto al *linga*?" chiese Namdev.

Il *Mahatma* replicò: "Sai, io sono troppo vecchio e debole per fare ciò che è giusto. Per favore, solleva i miei piedi e posali dove non c'è nessun *linga*".

Namdev spostò quindi i piedi di Vishoba e li appoggiò altrove, ma un altro *linga* apparve sotto i piedi del *Mahatma*. Ovunque li posasse, sotto di essi compariva un *linga*. Esasperato, Namdev finì per appoggiarli sulle sue ginocchia e immediatamente entrò in *samadhi*! Comprese allora che Dio è presente in tutte le cose e, avendo appreso questa verità, partì dopo essersi prostrato davanti al Guru che aveva appena conosciuto.

Tornato a casa, Namdev non si recò al tempio per parecchi giorni. Vithoba andò da lui e gli chiese perché non Gli facesse visita. "C'è qualche luogo in cui Tu non sei presente?" domandò Namdev. Senza la grazia del Guru, non avrebbe potuto realizzare questa verità.

In seguito, Namdev si recò da Gora, intenzionato a prostrarsi davanti a tutti i *Mahatma* e a scusarsi con loro ma, al suo arrivo, i santi si alzarono ed esclamarono: "Guardate! È arrivato Namdev e ora ha un Guru!" Tutti lo abbracciarono e gli diedero il benvenuto al *satsang*.

Il discepolo non è consapevole degli ostacoli presenti nella sua mente. *Maya*, la forza universale che mantiene l'individuo in uno stato di ignoranza, è impenetrabile. Solo chi l'ha trascesa realizzando il Sé conosce intuitivamente la natura di *maya*. Solo un tale *Mahatma* è in grado di condurre un'anima ignorante verso lo stato che trascende *maya*. Solo chi ha scalato la montagna e raggiunto la vetta conosce le difficoltà del cammino.

Raggiungere la vetta di Arunachala

Un giorno ebbi il desiderio di raggiungere la vetta di Arunachala, una collina sacra dove vivevo allora, alta circa 500 metri. Sembrava piuttosto semplice: bastava seguire il sentiero più corto e ben visibile. Il problema è che, se si prova a percorrere questo cammino, a un tratto la strada si interrompe e bisogna tornare indietro, al punto di partenza, arrivando probabilmente stremati dalla fatica e dalla sete. Avevo parlato con persone che avevano commesso questo errore e così accettai il loro suggerimento: seguire il cammino tradizionale, che i devoti percorrono durante la festa annuale di Kartik Dipam. In tale occasione, in cima alla montagna viene collocato un enorme calderone. Dopo averlo riempito di *ghi* (burro chiarificato), vi si pone uno stoppino e lo si accende.

La fiamma che si alza simboleggia la luce della saggezza che dissipa le tenebre dell'ignoranza nella quale sono immerse tutte le creature. Questa luce è visibile tutt'intorno a chilometri di distanza e centinaia di migliaia di devoti accorrono per vederla. Durante i miei primi anni ad Amritapuri, Amma ha partecipato tre volte a questa festa.

La cosa strana è che, se si guarda la collina e si segue con gli occhi il percorso tracciato dai devoti, si ha l'impressione che essi vadano nella direzione sbagliata. Tuttavia, quando ci si inerpica per quel sentiero e si giunge alla vetta, ci si accorge che, contrariamente alle apparenze, non c'era altra strada. Questo è un esempio che illustra con chiarezza la necessità di avere una guida esperta, sia nel mondo esteriore che in quello interiore.

Un discepolo è come un bambino ignorante

> "L'unica vera saggezza è sapere di non sapere nulla".
> "So di essere intelligente perché so di non sapere nulla".
>
> – Socrate

Amma paragona il discepolo o il *sadhak* a un bambino, un bambino ignorante che non sa cosa stia facendo né cosa stia facendo il Guru. Il compito del Guru è unico e incredibilmente difficile: purificare costantemente il discepolo, rimuovere ogni granello di polvere dallo specchio della sua mente affinché possa fare l'esperienza interiore della Verità del Sé.

Ciò nonostante, prima d'incontrare un *Mahatma*, molte persone accumulano conoscenze (intellettuali) che pensano di poter poi utilizzare nella vita spirituale. Di fatto, raramente questo sapere li aiuta: generalmente esso crea ostacoli sul loro cammino. La spiritualità non si acquisisce attraverso i libri. Solo il rapporto con un Maestro Realizzato e la sua grazia, uniti a un rigoroso impegno nella *sadhana*, possono aiutarci.

Un monaco viveva nel suo eremo nella foresta. Un professore di filosofia della città vicina andò a fargli visita. "La prego, mi parli della spiritualità, della Realtà interiore e di come fare per farne l'esperienza".

Dopo avergli dato un rapido sguardo, il monaco rispose: "Mi sembra che lei sia molto stanco dopo il suo lungo viaggio. Si riposi un po', prenda una tazza di tè".

Il religioso uscì per andare a preparare il tè. Tornato nella stanza con la teiera, porse una tazza al professore e cominciò a versare la bevanda. Continuò anche dopo aver riempito la tazza, facendo traboccare il tè, che dalla mano del professore colava sul pavimento.

"Si fermi, si fermi! È impazzito? Non c'è posto per un'altra goccia, la mia tazza è stracolma!" gridò il professore.

Ridendo, il monaco rispose: "Lei sa bene che, quando la tazza è piena, non si può aggiungere altro, anche se continuiamo a versare. Ebbene, lei mi ha chiesto di darle degli insegnamenti sulla spiritualità quando è ancora pieno di preconcetti. Ritorni dopo aver svuotato la sua "tazza" perché ora non può contenere una goccia di più; sarebbe una fatica inutile cercare di versarvi qualcosa".

Cosa significa esattamente "svuotare la propria tazza"? È evidente che la tazza rappresenta la mente. Purtroppo, è più difficile svuotare la mente che svuotare una tazza. Di fatto, la mente è estremamente complessa. Come fare, dunque? Ci auguriamo che il professore della storia abbia posto questa domanda al monaco e che sia rimasto ad ascoltare la risposta!

La vita spirituale non è facile, non è come scalare, ma piuttosto come spianare una montagna. La montagna è l'ego, la personalità che scambia erroneamente il corpo per il Sé, ed è la causa di ogni nostro problema.

> "L'idea di essere questo corpo crea sempre sofferenza. Noi siamo semplici inquilini. A un certo punto, ci verrà chiesto di andarcene e dovremo abbandonarlo. Prima di allora, mentre siamo ancora nel corpo, dovremmo realizzare ciò che è eterno. Se diventiamo proprietari di una casa, lasceremo con gioia l'appartamento che abbiamo in affitto. Allo stesso modo, avendo realizzando ciò che è eterno, vivremo per sempre nella dimora di Dio".
>
> – Amma

L'ego non è scolpito nella pietra, cresce o diminuisce secondo le nostre azioni e i nostri pensieri. Con i nostri sforzi e con la grazia del Guru, possiamo ridurlo fino ad estinguerlo.

Mentre passeggiava, un indiano d'America disse a suo figlio: "In noi ci sono due lupi che combattono tra loro: uno è gentile, buono e paziente, l'altro è cattivo, egoista e crudele".

"Papà, chi dei due vincerà?" Il padre rispose: "Quello che nutriremo".

Passioni come l'attaccamento, l'avversione, il desiderio e la collera accrescono l'ego. Come impedirlo?

> "Dobbiamo liberarci di tutte le *vasana* (tendenze negative) che abbiamo accumulato, ma è difficile farlo in una volta sola, occorre una pratica costante. È necessario recitare costantemente il nostro mantra, seduti, in piedi o sdraiati. Ripetendo il mantra e visualizzando la forma di Dio, gli altri pensieri scompariranno e la nostra mente si purificherà. Per lavare via il senso dell'io, bisogna usare il sapone del Tu. Quando percepiremo che tutto è Dio, l'io, ovvero l'ego, scomparirà e l'Io Supremo brillerà in noi".
>
> – Amma

Quando Amma ci invita a visualizzare la forma di Dio, possiamo immaginare ciò che più ci attrae e che ci è più facile concepire, inclusi gli aspetti del Divino che non hanno una forma, come la luce, la pace, l'immensità, etc.

Amma dice che il Guru deve costantemente tener d'occhio il discepolo, altrimenti questi potrebbe "cadere in uno stagno e annegare". L'avverbio "costantemente" è molto importante. Occorre dedicarsi costantemente alla pratica spirituale e Amma deve costantemente tenerci d'occhio. Contrariamente a noi, che dobbiamo sforzarci moltissimo per svolgere la *sadhana*, per Amma - il Sé presente nel cuore di ognuno – osservare tutti noi per l'eternità non richiede nessuno sforzo. È importante prendere coscienza del fatto che lei ci guarda in ogni istante.

Due ragazzini andarono da un Guru chiedendogli di accettarli come suoi discepoli. Il Maestro decise di metterli alla prova, diede a ognuno di loro un piccione e disse: "Prendete questo uccello e uccidetelo senza farvi vedere da nessuno. Poi riportatemelo e io vi impartirò la conoscenza spirituale". Il primo ragazzo portò l'uccello nel cortile sul retro, si guardò intorno e, non vedendo nessuno, gli tirò il collo. Tornato dal Guru, posò il piccione ai suoi piedi. "Bene, vediamo cosa ha fatto il tuo compagno" disse il Guru.

Il secondo ragazzo si addentrò nella fitta foresta e, mentre stava per uccidere l'uccello, vide che questo lo guardava. Non riuscì quindi ad andare oltre e a seguire le istruzioni ricevute. Cercò altri posti isolati ma, ogni volta che cercava di uccidere il piccione, notava che l'animale lo stava guardando. Alla fine, riportò l'uccello vivo e lo depose davanti al Guru.

"Swami, pur desiderando intensamente ricevere la conoscenza, non riesco a portare a termine il compito che lei mi ha assegnato. Ogni volta che ho cercato di farlo, c'era sempre qualcuno che mi stava guardando. Non ho dunque potuto uccidere l'uccello. Maestro, la prego, mi dia la sua benedizione accordandomi la vera conoscenza!" esclamò il ragazzo.

"Figlio", disse il Guru, "tu sei pronto a ricevere la conoscenza spirituale". Dovremmo sempre avere la sensazione che il Maestro supremo, il Signore, ci stia osservando. In tal modo, non rischieremo di commettere azioni che minano il nostro progresso spirituale".

Risvegliare il Guru interiore

Molti devoti che stanno per diverso tempo con Amma hanno notato come lei sembri sempre conoscere i loro pensieri e le loro azioni. Amma ci può mostrare questa sua consapevolezza con uno sguardo, con un sorriso, aggrottando le sopracciglia o dicendo qualcosa che ci fa capire come lei sia la Testimone di tutte le menti. Quando si tratta di guidare i devoti, Amma è molto solerte ed è un modello per noi sotto quasi tutti gli aspetti. Dico 'quasi' perché è praticamente impossibile per noi fare tutto ciò che fa lei. Non riusciamo a stare seduti ad ascoltare i problemi e le richieste altrui per ventiquattro ore di fila, non siamo in grado di rimanere svegli quasi ogni notte fino all'alba, non riusciamo a sorridere a chiunque incontriamo e, naturalmente, non siamo in grado di confortare veramente neppure una persona disperata che si rivolge a noi.

Possiamo però esercitare più pazienza in ogni momento, mostrare più benevolenza verso il prossimo, rinunciare al nostro egoismo per il bene e la felicità degli altri, diventare umili e più servizievoli ed evitare di pronunciare parole cattive e taglienti. Prendendo Amma come modello, possiamo purificare gradualmente la nostra mente e le nostre azioni e destare infine il "Guru interiore" che dorme in noi.

Alcune persone dicono che per loro è sufficiente ascoltare la vocina di Dio dentro di loro e seguire i suoi consigli. Ma in noi ci sono tantissime voci e la maggior parte di esse, se non tutte, sono più forti di quella di Dio! La mente di quasi tutti noi è piena di desideri, paure, simpatie e antipatie, attrazioni e avversioni. Cercare di ascoltare quella 'vocina interiore' è come cercare di udire un sussurro nel caos di una folla rumorosa.

Tuttavia, se ascoltiamo il nostro maestro, abbiamo fede in ciò che dice e confrontiamo le sue parole e azioni con le voci e gli impulsi della nostra mente, allora, lentamente, riusciremo a discernere tra la voce di Dio e quella della mente. Amma sa che possiamo farlo e ci incoraggerà gradualmente in tal senso. Ma, finché non avremo raggiunto la Liberazione, siamo tenuti a dare ascolto alla voce esterna del Guru invece che a quella interiore.

CAPITOLO SEI

Il Guru è Brahman

Gurur Brahma Gurur Vishnu
Gurur Devo Maheshwara
Gurur Sakshat Parabrahma
Tasmai Shri Gurave Namah

Il Guru è Brahma, il Guru è Vishnu,
Il Guru è Maheshwara (Shiva),
Il Guru è il Supremo Brahman.
Mi prostro dinanzi al Guru.

Si dice che oltre l'ottanta percento della popolazione umana creda nell'esistenza di un Potere superiore. Gli antichi saggi dell'India, i *rishi*, grazie all'estrema purezza della loro mente, erano in grado di sintonizzarsi con questa Forza e divenire Suoi canali. La percepivano come la *Trimurti* - formata da Brahma, il Creatore, Vishnu, il Protettore, e Maheshwara, il Distruttore del creato. Tutte e tre queste figure originano da *Brahman,* il Senza Forma, l'Esistenza e l'Intelligenza assoluta.

Pur essendo in grado di fare l'esperienza dell'Assoluto trascendente, i saggi proclamarono l'esistenza della *Trimurti* per compassione verso l'umanità, incapace di concepire la suprema Realtà senza forma. Consapevoli che, per trovare la felicità e la pace della mente, gli esseri umani avevano bisogno di comunicare con il Supremo a un livello concettuale attraverso l'adorazione e la preghiera, questi saggi mostrarono l'esempio da seguire adorando la *Trimurti*.

Così recita la *Gita*:

> "Qualunque atto compia un grande uomo, quell'atto viene emulato dagli altri. Qualunque sia il modello da lui proposto, quel modello viene seguito dal mondo".
>
> – Cap. 3, v.21

La mente umana è estremamente limitata. Anche quelli tra noi che credono nell'esistenza del Creatore non hanno che una vaga idea della natura di questo Essere o di questa Forza. Possiamo descriverLo come onnisciente, onnipotente o onnipresente, ma per la maggior parte di noi Dio è, in realtà, solo un vago concetto. Inconsciamente, Lo immaginiamo come una versione idealizzata di noi stessi. Se una zanzara fosse capace di pensare all'Essere supremo, probabilmente Lo concepirebbe come una zanzara enorme, onnipotente e onnisciente!

In un verso celebre dei *Veda*, la fonte autorevole della conoscenza spirituale dell'antica India; si dice:

> "Colui che conosce Brahman diventa Brahman".
>
> – *Mundaka Upanishad* (3.2.9)

In altre parole, chi ha conosciuto per esperienza diretta l'Assoluto *Brahman*, Fonte di ogni cosa e di tutto ciò che è al di là, diventa questa Realtà infinita. Forse alcuni pervengono a questa Verità nello stato di *samadhi*, ma solo le anime realizzate diventano completamente Quello. Il loro senso dell'individualità si è espanso fino a divenire diventare la Coscienza infinita.

Nell'Antico Testamento, Dio dice a Mosè:

> "Tu non puoi vedere il Mio volto perché nessun uomo può vederMi e restare vivo".
>
> – Esodo 33,20

Forse questo verso sta a significare che, quando si realizza pienamente Dio, l'individualità muore e resta solo Lui. La goccia si è congiunta con l'Oceano di Luce.

Il mantra ricevuto dal Guru ci ricorda una cosa molto importante: il Guru è tutt'uno con Dio. Tuttavia, il potere di *maya* ci rende solitamente incapaci di cogliere questa verità. Possiamo avere dei motivi o vivere delle esperienze che ci portano a credere in essa, ciò nonostante alcuni dubbi si presentano con regolarità alla mente. È forse per questo che alcune *Upanishad* iniziano con questa preghiera:

> Om, possa Dio proteggere entrambi (maestro e discepolo),
> possa Dio nutrire entrambi,
> possiamo lavorare insieme con energia e vigore,
> possa il nostro studio illuminarci
> e non generare ostilità.
> Om, pace, pace, pace.

La Realtà del Guru

La maggior parte di noi è costantemente impegnata in attività fisiche e mentali, che di solito nascono da paure e desideri egoisti. Andiamo da un *Mahatma* affinché soddisfi i nostri desideri o rimuova le nostre paure con le sue benedizioni. Tuttavia, un vero Guru sa che tutte le persone che cercano rifugio in lui o in lei dovranno infine rivolgersi al proprio interno e purificare la mente, in modo che i desideri e le paure non condizionino più la loro pace. Nella relazione Guru-discepolo, quest'ultimo deve sforzarsi di purificare la mente per sentire di essere tutt'uno con il Maestro, che è la personificazione di *Brahman*. Il Guru gli mostrerà costantemente il cammino, esteriormente o interiormente, nella sua mente. Gran parte di ciò che il Guru fa entrerà in contrasto con l'ego del discepolo. Il Guru vede il discepolo come *Brahman*, mentre il discepolo si identifica con l'ego e la personalità. Può capitare che l'allievo provi irritazione nei confronti del Maestro o inizi persino a odiarlo, mettendo in pericolo il proprio progresso. Ecco perché la preghiera appena citata auspica che non sorga ostilità tra loro.

"Troppa confidenza fa perdere la riverenza", dice il proverbio. Pur credendo che il Guru è *Brahman*, la familiarità con il Maestro ci fa spesso dimenticare questa verità. Persino Arjuna, nella celebre *Bhagavad Gita*, entrò troppo in confidenza con Sri Krishna, suo cugino e auriga. Il Signore gli disse:

> "Celato dalla Mia *yoga maya*, Io non mi rivelo a tutti. In preda all'illusione, questo mondo non mi conosce come il Non Nato e l'Inalterabile. O Arjuna, Io conosco gli esseri passati, presenti e futuri, ma nessuno conosce Me".
>
> – Cap.7, vv. 25-26

Queste parole suscitarono nella mente di Arjuna l'intenso desiderio di fare l'esperienza della Realtà, velata dalla forma di

Krishna. Sebbene molti parenti e compagni del Signore Krishna credessero che Egli fosse un'incarnazione del Signore Vishnu, le loro idee, parole e azioni non rispecchiavano tale convinzione.

Arjuna disse:

> "O Signore, o Essere Supremo, desidero vedere la Tua forma divina. Se Tu, o Signore, pensi che questo sia possibile, mostrami il Tuo Sé eterno".
>
> – Cap.11, vv. 3-4

> Il Signore rispose:
> "Non puoi vederMi con questi tuoi occhi umani. Ti darò un occhio divino con cui contemplare il Mio Yoga sovrano".
>
> – Cap.11, v.8

> "Allora (vedendo la Forma universale con l'occhio divino della conoscenza donatogli dal Signore) Arjuna, pieno di meraviglia, con i capelli ritti per la forte emozione, chinò il capo davanti al Signore e con le mani in segno di riverente omaggio pronunciò queste parole:
>
> – Cap.11, v. 14

> ... "Tu sei l'Imperituro, l'Essere Supremo, Ciò che si deve conoscere; Tu sei il Rifugio ultimo di questo universo, il Custode dell'eterno *dharma*: per me Tu sei lo Spirito eterno, immortale. Di Te non vedo il principio, né il centro, né la fine; infinita è la Tua potenza; il sole e la luna sono i Tuoi occhi; la Tua bocca è come un fuoco ardente che consuma con le

sue fiamme l'universo intero. [...] Dimmi chi sei. [...] M'inchino a Te. O Dio Supremo, sii compassionevole! Io desidero conoscere Te, che sei l'Essere primordiale".

– Cap.11, vv.18-19, 31

Il Signore disse:
"Io sono il Tempo, potente distruttore che tutto divora, manifestatosi qui per annientare queste creature. Anche senza di te, tutti questi guerrieri schierati in campo nemico moriranno".

– Cap.11, v.32

"Dopo aver ascoltato le parole del Signore Krishna, Arjuna, tremante, si prostrò a Lui con le mani giunte e, pieno di paura, si rivolse nuovamente a Krishna con voce soffocata".

– Cap.11, v.35

"Se mi sono rivolto a Te in modo avventato, per noncuranza o per affetto, dicendo: "O Krishna, o Yadava, o amico mio", considerandoTi un semplice amico, ignaro della Tua grandezza, se Ti ho mancato in qualche modo di rispetto mentre scherzavamo, camminavamo, riposavamo, eravamo seduti o a tavola, da soli o in presenza di altri, Ti supplico di perdonarmi. Padre di questo mondo e di tutti gli esseri mobili ed immobili, Tu sei il più grande Maestro, degno di essere adorato. Nei tre mondi non c'è nessuno che Ti sia pari; chi dunque potrebbe esserTi superiore, Signore d'incomparabile potere? Inchinandomi e prostrandomi interamente a Te, invoco quindi il Tuo perdono, o Signore degno di lode! Come un padre perdona il figlio, l'amico perdona l'amico e l'amante perdona l'amato, così anche Tu dovresti perdonarmi, o Signore".

– Cap.11, vv.41-44

Il Signore rispose:
"È estremamente difficile vederMi nella forma che tu hai scorto. Persino gli dèi desiderano poterLa contemplare costantemente. Non con i *Veda*, non con pratiche ascetiche, non con doni né rituali è possibile vederMi come Tu mi hai visto. Ma solo grazie a una devozione esclusiva è possibile vederMi, conoscerMi e fondersi in Me in questa forma, o distruttore dei nemici. Chi dedica a Me ogni sua azione e Mi considera il suo solo rifugio e scopo, chi Mi è devoto e si è liberato dall'attaccamento e dall'ostilità verso tutte le creature, costui giunge a Me, o Pandava".

– Cap.11, vv.52-55

I devoti di Amma non si trovano forse in una situazione simile a quella di Arjuna? Stiamo combattendo la battaglia della vita, all'esterno e dentro di noi. Attraverso inimmaginabili colpi di fortuna, karma o pura grazia, siamo giunti ai sacri piedi di Amma. Crediamo che lei sia venuta in questo mondo allo scopo di aiutare gli esseri umani a volgersi a Dio, al loro vero Essere. Ogni azione, ogni sguardo, ogni parola e ogni tocco di Amma intendono risvegliare le anime che, per i motivi più diversi, hanno la fortuna di andare da lei.

Per potersi muovere tra noi, proprio come ognuno di noi, lei si è avvolta in un manto d'illusione, grazie al potere della sua *maya*. Ma dovremmo sempre ricordarci che Amma non è come noi. La sua esperienza interiore è al di là di ciò che possiamo immaginare o concepire. Amma è l'incarnazione di *Brahman*, che agisce come un essere umano eccezionale, ed è certamente incomprensibile a quelli che si identificano con un corpo. Noi vediamo solo la punta dell'iceberg.

Ricordiamoci costantemente le parole del Signore:

> "Solo grazie a una devozione esclusiva è possibile vederMi, conoscerMi e fondersi in Me in questa forma. Chi dedica a Me ogni sua azione e Mi considera il suo solo rifugio e scopo, chi Mi è devoto e si è liberato dall'attaccamento e dalla ostilità verso tutte le creature, costui giunge a Me, o Pandava!"
>
> – Cap.11, vv.53-55

Ci è stata offerta un'occasione d'oro per evolvere verso stati spirituali superiori, che culminano nella realizzazione del Sé e nella liberazione dal ciclo incessante di nascita e morte. Possiamo avvalerci di tale opportunità così rara, che si presenta solo dopo molte vite, ricordandoci costantemente chi è Amma e impegnandoci a ottenere la sua onnipotente benedizione.

CAPITOLO SETTE

L'unicità della presenza del Guru

"Anche se Dio pervade ogni cosa, la presenza del Guru è unica. Il vento soffia ovunque, ma possiamo sentirne la freschezza solo all'ombra di un albero. La brezza che soffia tra le foglie non dona forse sollievo a chi viaggia sotto il sole cocente? Allo stesso modo, chi vive immerso nell'arsura del mondo ha assolutamente bisogno di un Guru. La sua presenza ci darà pace e tranquillità".

– Amma

Ci sono numerosi *sadhak* che, dopo avere compiuto qualche pratica spirituale e svolto un po' di *sadhana*, radunano discepoli, tengono discorsi sulla spiritualità e insegnano le Scritture, la meditazione e altre pratiche spirituali. Indubbiamente questi maestri rispondono a un bisogno. Quando però Amma usa il termine "Guru", non si riferisce a un semplice maestro, ma a chi è in unione costante con Dio. In effetti, nessun altro merita l'appellativo di Guru con la "G" maiuscola.

Un Guru è colui che vive nella consapevolezza, nell'esperienza costante di essere il Sé interiore presente in ognuno e in ogni cosa. Per lui, la creazione è un libro aperto. Tale Maestro possiede la forza spirituale, chiamata grazia, di elevare una persona attraverso un semplice pensiero o sguardo. Da un lato, si dice che la grazia risplenda indistintamente su tutti come il sole, dall'altro, essa è anche un potere delle Anime Realizzate che si può manifestare e inviare sotto forma di benedizioni.

Amma dice che per realizzare il Sé è necessario uno sforzo e che tale sforzo è possibile grazie alla benedizione di un Guru. Quando arriviamo al limite dei nostri sforzi, la Realizzazione finale avviene per la sola grazia del Guru. Amma sta parlando di quei Guru, di quei *Mahatma* che vivono in comunione con l'Assoluto e che sono estremamente rari.

Nella *Bhagavad Gita*, il Signore Krishna dice:

> "Ma lo yogi che si sforza con zelo, interamente purificato dai suoi peccati attraverso numerose nascite, raggiunge infine lo scopo supremo".
>
> – Cap.6, v. 45

> "Dopo molte nascite, il saggio viene a Me, consapevole che tutto è Vasudeva (Dio). È davvero raro incontrare un Mahatma, un'anima così elevata".
>
> – Cap.7, v. 19

La mucca produce latte, ma per ottenerlo bisogna mungerla. Allo stesso modo, Dio è presente in ogni atomo della creazione e anche al di là; tuttavia, in alcuni luoghi è possibile sentire particolarmente la Sua presenza e riceverne i benefici. La Presenza divina permea il luogo dove le persone si radunano per cantare *bhajan*, pregare o meditare. La loro concentrazione sul Divino purifica l'atmosfera dalle vibrazioni profane solitamente presenti. I luoghi di culto, i monasteri e i posti dove santi e *sadhak* vivono o hanno vissuto in passato manifestano il Divino con diversa intensità; coloro che vi giungono provano una pace che non appartiene a questo mondo e che favorisce la concentrazione e la meditazione.

Molti di noi hanno visitato antichissimi templi indiani come Kanchipuram, Tiruvannamalai, Rameshwaram, Tirupati o Kashi. Amma dice che i più potenti templi indiani, quelli che attraggono milioni di devoti e sono centri di pellegrinaggio da tempi immemorabili, furono istituiti da *Mahatma*. In essi si possono veramente percepire in modo molto reale e tangibile la pace e la tranquillità. Si tratta di una pace diversa da quella che avvertiamo camminando in un bosco o nella natura. Anche quella pace è pura, ma non è che un pallido riflesso dell'esperienza spirituale concreta che ci offrono i luoghi sacri, divenuti tali perché alcuni santi, che avevano concentrato e purificato la loro mente colmandola della presenza di Dio, vi sono giunti e vi hanno vissuto. Persino dopo che i *Mahatma* hanno lasciato il corpo, se i devoti continuano le loro pratiche spirituali e devozionali in questi luoghi, la loro divina presenza permane o diventa addirittura più intensa.

L'aura

Il concetto di "aura" è ormai piuttosto diffuso nella cultura occidentale; molti accettano come un dato di fatto che ogni oggetto abbia un'aura ed emani delle vibrazioni sottili. Amma dice che le persone che hanno pensieri positivi, non egoisti, volti al benessere degli altri, irradiano un tenue colore dorato, visibile a chi ha una visione spirituale sottile.

"Il nostro corpo è avvolto da un'aura sottile. Proprio come le nostre parole possono essere registrate su un nastro magnetico, le nostre azioni lasciano un'impronta sottile sull'aura, visibile con chiarezza da alcuni ricercatori spirituali. L'aura di chi si dedica alle pratiche spirituali è potente, mentre quella della gente comune è buia o fumosa; più le persone agiscono in modo egoistico, malvagio ed egocentrico, più la loro aura diventa scura; nella vita, queste persone incontreranno sempre ostacoli e problemi. Al momento della morte, tale oscurità le riporterà sulla Terra e sarà la causa di molte avversità. Coltivando invece buoni pensieri e compiendo buone azioni, la nostra aura diventerà dorata e ci aiuterà ad elevarci verso piani di coscienza superiori. Ogni iniziativa andrà a buon fine e ogni ostacolo verrà rimosso.

Se si compiono azioni malvagie nei confronti di un *tapasvi* (persona che compie austerità), le vibrazioni prodotte da tali atti avranno un effetto devastante contro l'aggressore.

Al momento della morte, l'aura lascia il corpo assieme alle tendenze innate dell'anima e fluttua nell'atmosfera, come un palloncino gonfiato con dell'elio. Non potendo più rimanere in quel corpo dopo la morte, sceglierà e si incarnerà in un corpo che è in sintonia con i desideri e gli attaccamenti della sua nascita precedente".

– Amma

In presenza di anime pure ci sentiamo felici, in pace, a nostro agio, a casa. Vicino a chi ha pensieri e sentimenti negativi proviamo esattamente il contrario: ci sentiamo a disagio, timorosi, irrequieti o irritati. Non solo le persone, ma anche i luoghi hanno un'aura dominante.

I *Mahatma* irradiano una presenza divina e potente. Poiché il loro corpo fisico è connesso con la natura infinita, sono diventati un canale della Presenza Infinita. Ritroviamo questo concetto in un versetto della *Gita*:

> "I saggi austeri, che sono liberi dal desiderio e dalla collera, che sono padroni dei loro pensieri e hanno realizzato il Sé, emanano la pace colma della beatitudine di *Brahman*".
>
> – Cap.5, v.26

A questo punto è forse necessario chiarire cosa si intende comunemente in India per saggio e santo. C'è una qualche differenza o è solo una questione di linguaggio? Tradizionalmente, il santo è una persona che aspira a realizzare Dio e ha raggiunto un certo grado di purezza interiore. La sua mente riflette la presenza del Divino, ma non nella sua pienezza: deve ancora lavorare su di sé per giungere alla perfezione, all'assoluta purezza interiore. Il saggio è invece unito stabilmente con l'Essere Supremo e può condurre una vita in solitudine o diffondere i suoi insegnamenti all'umanità. Il saggio può essere talvolta definito "santo", ma i santi non vengono generalmente considerati saggi.

La pace che circonda i saggi

Nel versetto citato in precedenza, il Signore Krishna dice "... i saggi austeri...", cosa si intende con l'aggettivo "austero"? Esso descrive uno stile di vita basato su una disciplina che regola ogni aspetto dell'esistenza e sul controllo dei piaceri del corpo e della mente. I *Mahatma*, avendo vissuto in questo modo e realizzato il Sé, dopo l'illuminazione continuano a seguire questo stile di vita, espressione naturale della loro estrema semplicità e del loro appagamento. Non aspirano a nulla perché sono già in uno stato di assoluta pace. Sempre focalizzati su Dio, vivono nella più completa beatitudine; possono anche raccontare storielle divertenti, ma dietro i loro racconti c'è sempre uno scopo profondo: far comprendere alle persone l'importanza di vivere eticamente, con il pensiero rivolto al Divino. Il termine "austero" descrive non tanto il loro modo di vivere quanto la loro esperienza interiore. Questi *Mahatma* vivono in uno stato difficile da immaginare e da descrivere, che trascende la coscienza corporea: sono pura Consapevolezza.

La *Gita* afferma che esistono tre porte che conducono l'anima (*jiva*) all'inferno: il desiderio, la collera e l'avidità. La mente dei saggi è diventata così pura e scevra di pensieri da non poter accogliere altra realtà all'infuori del Sé o di Dio "... libera dal desiderio e dalla collera". Potremmo paragonare tale mente a un cielo terso, senza nuvole né pulviscolo. In loro non sorge nessun desiderio perché vivono eternamente nella pienezza e nella contentezza, avendo realizzato l'Unità. Non provano nemmeno ira perché non hanno desideri, neppure a livello sottile. La rabbia è causata dai desideri insoddisfatti, ma i saggi ne sono privi. Essi possono esprimere rabbia per correggere una persona o porre rimedio a una situazione, ma si tratta di una collera apparente, che si manifesta per il bene degli altri. La potremmo paragonare a una linea tracciata sull'acqua, che scompare un attimo dopo.

La pazienza di Socrate

Il grande filosofo Socrate aveva una moglie molto impaziente e irascibile: che grande opportunità per coltivare la pazienza! (Naturalmente, chiunque avrebbe potuto avere un simile carattere, non per forza una moglie.) Un giorno, mentre stava riflettendo profondamente su una questione filosofica, la donna gli si avvicinò e, come sempre, cominciò a inveire contro di lui usando un linguaggio duro, sgarbato e oltraggioso. Con offese e insulti, cercò di attirare la sua attenzione, ma Socrate la ignorò, immerso com'era nei suoi pensieri: lui era solito finire completamente una cosa prima di intraprenderne un'altra. Oggi questo comportamento è molto diffuso in chi non riesce a sollevare gli occhi dal computer o dal cellulare per parlare con il suo interlocutore!

Nonostante le urla e gli strepiti, Socrate continuò ad ignorare la moglie. Alla fine, infuriata, la donna afferrò un catino d'acqua sporca e glielo rovesciò in testa. Pensate forse che questo lo abbia irritato? Per niente. Il filosofo sorrise e disse, ridendo: "Oggi è stato confermato il detto 'tanto tuonò che piovve'". Dopo questo commento, proseguì nelle sue riflessioni. Qualcuno potrebbe pensare che Socrate fosse una persona insensibile, ma non è questa la morale della storia.

Non dovremmo scoraggiarci di fronte alla difficoltà di riuscire a controllare la collera. Come recita un altro adagio:

"Non vi sono difficoltà, ma solo opportunità". Se Socrate era riuscito a controllare completamente l'ira, perché anche altri non potrebbero farlo? Le circostanze difficili ci offrono l'occasione di imparare a padroneggiare questa emozione. I saggi sono coloro che hanno raggiunto uno stato in cui sono privi di desideri e quindi di collera – una vera impresa!

Per Sri Krishna, la condizione necessaria per realizzare il Sé è "acquisire la padronanza della mente". Possiamo recarci nei templi, svolgere atti di culto, cantare *bhajan*, partecipare ai *satsang*, recitare il mantra un milione di volte, meditare, leggere le Scritture, andare in India e viverci per cinquant'anni, ma se la nostra mente non diventa calma attraverso la concentrazione e l'autocontrollo, non raccoglieremo il frutto di tutte queste pratiche spirituali, vale a dire la pace interiore. Quando la mente si placa, ci rivela il nostro vero Sé, la nostra vera natura: Dio.

L'unico ostacolo che ci impedisce di avere la visione del Divino, o di realizzare il Sé, è l'agitazione mentale. Quando ogni pensiero cessa e la mente è completamente pura e focalizzata esclusivamente sulla presenza di Dio, del Sé, allora essa si immerge nella sua sorgente, nella Consapevolezza, in Dio. Quando friggiamo una *vada* (ciambellina indiana salata), sappiamo che è cotta quando non si formano più bollicine. Il calore del *tapas* fa affiorare in noi tutti i pensieri affinché possiamo eliminarli. Quando non ce ne sono più, siamo "cotti a puntino!"

Sri Krishna afferma che dai saggi irradia "la pace colma della beatitudine di Brahman". Molti devoti ne hanno fatto l'esperienza stando vicino ad Amma. Una notte, durante un darshan a Chicago, Amma mi chiamò per tradurre una conversazione con dei devoti. La persona che di solito svolgeva questo compito non era presente e così toccò a me sostituirla. Appena mi sedetti, sentii emanare da Amma una pace così immensa che la mia mente smise di funzionare. Come un idiota, rimasi lì immobile, con un sorriso ebete sul viso. Guardai Amma e le dissi: "Mi sento così..." Prima che potessi finire la frase, lei aggiunse: "In pace?"

Quando fu chiesto a Sri Ramana Maharshi come riconoscere un *Mahatma*, egli rispose: "Dalla pace interiore che si avverte in sua presenza e dal senso di rispetto che si prova spontaneamente per lui".

Il seguente episodio accadde a Santa Fe, durante uno dei primi tour di Amma negli Stati Uniti. Durante il darshan del mattino, una donna sedeva in fondo alla sala da tre o quattro ore. A quei tempi non venivano molte persone al programma. Questa signora non era molto interessata alla spiritualità, ma provava grande affetto e rispetto per Amma. Quando Amma si alzò e si avviò verso la sua camera, la donna venne da me e mi disse: "C'è una pace profonda in questa stanza. Se esiste una persona capace di rendere questo mondo migliore, è certamente Amma". Tale osservazione proveniva da qualcuno che non possedeva la ricettività che nasce dalla meditazione. Ciò nonostante, questa donna poteva percepire la pace emanata da Amma.

L'energia vicino ai Mahatma

La pace che irradia dai *Mahatma*, la pace di *Brahman*, non ha un impatto solo sulla mente, acquietandola, ma anche sul corpo. I devoti che vegliano tutta la notte durante il darshan si sentono freschi e pieni di energia, anche se abitualmente si coricano molto prima.

In India, ogni anno si tiene una festa chiamata Mahashivaratri, che inizia alle sei del mattino e termina alle sei del mattino dopo. Durante Mahashivaratri, non è contemplato dormire e si compiono pratiche devozionali come la meditazione o altri atti di culto. Per la maggior parte dei fedeli, restare svegli è molto difficile e per non addormentarsi molti vanno persino al cinema a vedere film religiosi. Tuttavia, questo non accade vicino ad Amma: la sua presenza dona un'inspiegabile energia a tutti.

Molti anni fa, uno dei fratelli di Amma aveva la febbre alta ed era piuttosto agitato. Quel giorno mi ero seduto vicino ad Amma, insieme a un gruppo di devoti con cui lei stava parlando. Il fratello si avvicinò e si sedette accanto a lei. Sembrava molto abbattuto. Dopo qualche minuto, si alzò e se ne andò. Tornò qualche minuto più tardi e continuò a fare così avanti e indietro per un po'.

Infine, gli chiesi cosa stesse accadendo e lui mi rispose che non stava bene e che ogni volta che si sedeva vicino ad Amma si sentiva guarito, ma quando si allontanava, la febbre ritornava. Si chiedeva cosa gli stesse succedendo e se sua sorella c'entrasse qualcosa. Alla fine, capì che questo miglioramento era dovuto alla vicinanza fisica di Amma. Dopo questa esperienza, la sua fede in lei diventò più profonda e duratura.

Per quelle poche anime che possono vivere nell'ashram di Amma in India, stare così a lungo fisicamente vicino a lei è il migliore aiuto per il cammino spirituale. Per il resto di noi, è altrettanto importante passare più tempo possibile in sua presenza. Alla fine, riusciremo a provare la sua pace piena di beatitudine ovunque ci troviamo. Prima di allora, è necessario cercare di non cadere nell'autocompiacimento, pensando che la presenza fisica di Amma non sia necessaria al nostro progresso spirituale. Non c'è nulla di più falso. Non c'è aiuto più grande per il progresso spirituale che starle vicino.

CAPITOLO OTTO

Le tenebre interiori

Quelli che tra noi sono diventati aspiranti spirituali probabilmente all'inizio non avevano idea delle difficoltà del cammino. Avevamo letto la biografia di Buddha o di altri santi e pensato che, contrariamente a loro, per noi sarebbe bastato qualche piccolo sforzo per arrivare alla beatitudine del *samadhi*, dell'illuminazione. Il nostro ego e la nostra ignoranza ci assicuravano una veloce realizzazione del Sé, come dei bambini di cinque anni che, dopo aver terminato la scuola materna, pensano di poter conseguire il dottorato di ricerca applicandosi ancora un po'. Pensavamo che, con un pizzico di fortuna e di impegno, ce l'avremmo fatta: questo è quanto accade normalmente con gli obiettivi che ci diamo nella vita. Ma in ambito spirituale la situazione è molto diversa.

La realizzazione spirituale non è per le persone che cercano percorsi facili: è un cammino che non ha scorciatoie. Più un oggetto è prezioso, più è costoso. E cosa cercano tutti sopra ogni altra cosa? La pace. E chi raggiunge la pace?

Nella *Gita*, il Signore Krishna dice:

> "L'uomo che rinuncia a ogni desiderio, a ogni attaccamento e a ogni ambizione, senza più il senso dell'io e del mio, consegue la pace. Questo è lo stato di

> *Brahman*. Una volta raggiunto, l'uomo è libero dall'illusione. Stabilito in questo stato, anche nel momento della morte, egli consegue la beatitudine dell'unione con Brahman".
>
> – Cap.2, vv.71-72

Mossi dall'ardore di raggiungere stati elevati di spiritualità, alcuni di noi cercano l'aiuto di qualcuno che ci sia riuscito e che mostri loro la via, perché c'è un limite a quello che si può apprendere sui libri. A quale livello di studi può giungere un bambino che non ha un insegnante? E anche quando troviamo un bravo maestro disponibile ad aiutarci e a darci delle indicazioni, cosa succede? Succede di tutto, tranne quello che ci aspettavamo. Il cammino spirituale è un po' come andare dal medico con la tosse e finire in sala operatoria. La nostra malattia è più complessa di quanto pensassimo.

Qualche mese dopo il mio arrivo all'ashram, ero seduto con Amma di fronte al *kalari*, il piccolo tempio, fulcro della nostra vita di allora. Un visitatore occidentale si unì a noi. Era interessato alla realizzazione spirituale, ma non si era ancora impegnato seriamente per raggiungerla. Amma lo guardò e gli disse: "Figlio, desideri trascorrere i tuoi giorni e le tue notti in *samadhi*, non è così?" L'uomo annuì. Amma sorrise e disse: "Hmmm". Questo "Hmmm" aveva un significato profondo, che nessuno di noi comprese all'epoca.

Solo lei sapeva quale intenso processo di purificazione sarebbe servito a quella persona per giungere al suo scopo, forse più di una vita. Proveniendo dall'Occidente e avendo letto qualche libro sulla spiritualità, l'uomo aveva probabilmente pensato che fosse sufficiente qualche mese sotto la guida di Amma per raggiungere il *samadhi*. Forse la pace che sentì in sua presenza lo portò a questa conclusione.

I primi segni di progresso

Una delle prime cose che accadono a un sincero aspirante spirituale che si impegna seriamente a mettere in pratica le indicazioni del Guru è la comparsa di una grande inerzia o letargia. Amma dice:

> "Quando cerchiamo di eliminare i pensieri negativi, essi iniziano a crearci problemi. Figli, se vi viene sonno durante la meditazione, fate ben attenzione a non diventarne schiavi. Nelle fasi iniziali della meditazione affioreranno tutte le qualità *tamasiche* (d'inerzia). Se siete vigili, gradualmente spariranno. Quando vi viene voglia di dormire, alzatevi e fate *japa* camminando; tenete il *mala* o il rosario vicino al petto, con piena attenzione. Continuate a recitare il mantra senza fretta. Se vi sentite ancora assonnati, ripetete il mantra in piedi senza appoggiarvi a nulla e senza muovere le gambe".

Ho iniziato il mio cammino spirituale a diciotto anni. Non so perché, ma realizzare il Sé era diventata per me una questione di vita o di morte. Quando arrivai in India fu un disastro. Ogni volta che chiudevo gli occhi mi addormentavo in mezzo secondo, anche se avevo dormito otto ore la notte prima. Se qualcuno mi stava parlando, non era raro vedere la mia testa ciondolare: mi ero addormentato ascoltando. Mentre leggevo un libro, mi capitava d'improvviso di finire a terra come un sacco di patate.

Era terribile, spaventoso. Disperato, pensavo: "Che mi sta succedendo? Sono venuto in India per realizzare Dio e tutto ciò che riesco a fare è cadere in letargo". Vedendomi seduto nella sala di meditazione nella posizione del loto, alcuni devoti avrebbero potuto pensare che fossi un buon meditante. L'immobilità del *samadhi* e quella del sonno possono apparire simili, ma sono due cose molto diverse. In effetti, sono come il giorno e la notte: il *samadhi* è il giorno e il sonno la notte.

Non sapevo cosa fare, era una situazione molto grave e mi sentivo profondamente turbato e avvilito. Andai dalla mia guida spirituale di allora e gli chiesi: "Cosa devo fare? Pensavo che la meditazione fosse la strada verso la Realizzazione. Di questo passo posso scordarmela. Probabilmente non fa per me".

Persino mentre ascoltavo la sua risposta stavo per addormentarmi! Mi dissi: "Indubbiamente devo avere qualche male, qualcosa come la malattia del sonno, contratta sulla nave che mi ha portato qui. Prima di partire per l'India non avevo questo problema".

"Penso di essere malato" dissi al mio Maestro.

"D'accordo", rispose, "se hai questa impressione, c'è un ottimo ospedale privato a settanta chilometri da qui. Perché non ci vai e non ti fai fare un check-up completo e anche una valutazione psichiatrica?"

Non avevo nessuna voglia di allontanarmi da lui e di interrompere il mio *seva* ma, sentendo di non avere altra scelta, accettai. Partii l'indomani. Trascorsi dieci giorni in quella clinica, dove mi sottoposero a ogni esame possibile. Eseguirono persino l'elettroencefalogramma per valutare la mia funzionalità cerebrale.

Quando infine arrivò l'esito, mi dissero: "È tutto a posto, può tornare a casa". Al mio rientro, dissi al mio Maestro che non avevano trovato nulla.

Egli rispose: "Naturalmente. Credevi davvero che ti avrebbero trovato qualcosa?"

"E allora perché mi ha mandato là?"

"Volevo che tu sapessi che non hai nessun disturbo fisico. Questo *tamas* così intenso è frutto non soltanto della vita che hai condotto prima di giungere qui, ma anche di quelle precedenti. Tutta questa oscurità sta affiorando. Se vuoi pulire una bottiglia sporca, ci versi dell'acqua pulita per far uscire lo sporco. Ora stai cercando di concentrare la tua mente e la prima cosa che emerge è l'inerzia. Devi combatterla finché non perderà forza. La parola *tamas* di per sé significa 'difficile da resistere'.

Come vincere tamas

Ogni volta che senti sopraggiungere l'inerzia, ogni volta che la tua mente inizia a diventare *tamasica* o torpida, distratta o assopita, devi allontanarla con forza da questa letargia e focalizzarla su un'altra cosa. Se qualcuno ti sta parlando, non lasciare che la tua mente vaghi, concentrati totalmente sulle sue parole. Non permettere alla mente di annebbiarsi. Se vuoi leggere, fallo in piedi, in mezzo alla stanza. Non cercare alcun sostegno, per nessun motivo. In tal modo, il tuo sistema nervoso rimarrà in allerta e ti aiuterà a vincere l'inerzia".

Vivevo vicino a una montagna sacra. Il mio Maestro mi disse che ogni sera a mezzanotte dovevo correre lungo il perimetro della montagna, percorrendo dodici chilometri. Questo mi avrebbe aiutato a liberarmi dal torpore. Escogitò anche altri metodi per farmi stare sveglio. Egli era solito cucinare per entrambi. Amo il cibo indiano, ma non sono mai riuscito ad apprezzare il peperoncino piccante come gli indiani.

Ho letto recentemente che il peperoncino ha molte proprietà benefiche per la salute, ma sembra che la mia lingua non sia abbastanza spessa per gustarlo appieno. Esistono numerose varietà di peperoncino e alcune hanno nomi spaventosi, come Ciliegia Esplosiva, Petardo, Super Chili, Fuoco Thai, Demone Rosso, Falciatore della Carolina, Scorpione Morouga e Vipera Naga! Il Maestro preparava ogni tipo di pietanza aggiungendo una dose doppia o tripla di peperoncino. Mi colava il naso, mi fischiavano le orecchie, mi sembrava di esplodere. Mi diceva che quando trovavo dei peperoncini nel cibo non dovevo sputarli ma inghiottirli. Essi avrebbero alzato la mia temperatura corporea e mi avrebbero reso più attivo. In effetti aveva ragione. Fu una vera lotta, ma alla fine riuscii a liberarmi dall'inerzia.

Anche se è stata una dura battaglia, sono contento di averla combattuta perché mi ha permesso di capire la natura di *tamas* e di sviluppare la forza di volontà per superarlo. Ho fatto un passo avanti, migliorando la mia capacità di fermare la mente, di dirle: "Stai calma, per favore", assoggettandola. Potremo aspettare per l'eternità, ma la mente non si arresterà da sola. Bisogna lottare per dominarla e, facendolo, sviluppiamo la forza di volontà necessaria per controllare l'agitazione mentale.

Il consiglio di Amma

Lo sforzo deve essere compiuto da noi: questo è quanto ci dice Amma. Si tratta di continuare a provare finché non ci riusciamo. Ma…

> "Quando si cerca di eliminare i pensieri negativi, essi iniziano a causare problemi".

Oltre all'oscurità di *tamas*, cominciamo ad avere pensieri indesiderati. Diventiamo più negativi, irascibili e critici e i desideri sensoriali si rafforzano; inaspettatamente, cominciano ad accadere le cose più strane e sconcertanti. La beatitudine spirituale diventa un sogno lontano. Non dite che Amma non vi aveva avvisati!

Questi tratti negativi del carattere erano già in noi prima di iniziare le pratiche spirituali. Li assecondavamo e quindi non rappresentavano un problema. Adesso il nostro atteggiamento è cambiato, siamo diventati consapevoli della spazzatura accumulata nella mente, nella nostra casa.

Ecco cosa consiglia Amma:

"Quando sorgono questi pensieri, utilizzate il vostro discernimento e chiedete alla mente: "A cosa serve soffermarsi su di essi? Ti aiuteranno a raggiungere il tuo obiettivo?"

In altre parole, Amma ci sta dicendo che, se la mente comincia a far affiorare tendenze negative o *vasana*, dobbiamo chiederle: "È utile pensare a tutte queste cose? È questo il tuo obiettivo?" Si spera che abbiamo chiaro quale sia il nostro scopo: la pace interiore.

L'importanza del distacco

Amma spiega che, fino a poco tempo fa, il nostro obiettivo nella vita era trovare la felicità negli oggetti e nelle relazioni. Curiosamente, i nostri stessi tratti negativi ci procuravano una certa felicità. Criticare gli altri, arrabbiarci, spettegolare, essere orgogliosi e arroganti, tutti i pensieri, le parole e le azioni legate alla sessualità erano una fonte di piacere. Più indulgevamo in queste abitudini, più esse si radicavano in noi fino a diventare la nostra natura. Per risolvere alla radice l'agitazione mentale, Amma ci invita a "sviluppare assoluto distacco verso gli oggetti del mondo".

Amma usa le parole "assoluto distacco" perché dà estrema importanza alla necessità di praticare il distacco per chi è sul sentiero spirituale. In uno dei testi classici che trattano della Realizzazione del Sé, scritto da Sri Shankaracharya, si afferma:

> "Per chi ha dominato se stesso, non conosco uno strumento migliore del distacco per conseguire la felicità. Se lo uniamo alla pura Realizzazione del Sé, si ottiene una condizione di sovranità assoluta che ci conduce alla Liberazione eterna. Per il vostro bene, siate dunque distaccati interiormente ed esteriormente e fissate sempre la vostra mente sul Sé eterno".
>
> – *Vivekachudamani*, v. 376

Quello che ci impedisce di progredire rapidamente nel cammino spirituale è la nostra scarsa capacità di praticare il distacco. Il nostro grado di distacco verso gli oggetti, compresi il corpo e il mondo in cui viviamo, determina il successo che avremo quando cercheremo di raccoglierci in noi stessi. I desideri mantengono la nostra attenzione in superficie. "Assoluto distacco" e "concentrazione perfetta" significano la stessa cosa.

La capacità di distaccarsi si sviluppa in una mente che discrimina tra la vera natura del corpo e quella del mondo. Grazie a questa discriminazione, prendiamo coscienza che non è possibile conseguire una felicità duratura attraverso i mezzi che usiamo abitualmente. Non c'è dubbio che il corpo e la mente ci procurino una certa felicità attraverso il piacere, ma per le anime dotate di discernimento questo non è sufficiente. Fortunatamente, Amma ci dice che è possibile trovare la felicità duratura: si tratta di cercarla dove si trova veramente.

Dobbiamo convincerci con l'osservazione diretta, la lettura di testi che trattano di spiritualità o stando alla presenza di *Mahatma* come Amma, stabiliti nella Coscienza trascendente, che questo stato esiste davvero e che vale la pena impegnarsi a fondo per raggiungerlo. Se si persiste nella *sadhana*, la mente diventa perfettamente tranquilla e stabile e rivela la pura Coscienza, il nostro vero Sé. Sia che concepiamo tale Realtà come la nostra vera Natura o come il Signore dell'universo presente in noi, è indispensabile praticare il distacco. L'amore per Dio o per il Sé può crescere solo consacrandoGli interamente la nostra mente e il nostro cuore. Nel Vecchio Testamento c'è un passo che dice:

> "Amerai il Signore tuo Dio con tutto il cuore, con tutta l'anima e con tutte le forze".
>
> – Deuteronomio 6,5

L'Amore per il Divino è possibile solo se sviluppiamo il più assoluto distacco e cerchiamo costantemente di volgere all'interno la nostra mente irrequieta.

CAPITOLO NOVE

L'ego e il Sé

"In cosa consiste la vera fiducia in se stessi? Chi la possiede, basa la sua fiducia non sull'ego, ma sulla consapevolezza del vero Sé".

– Amma

Quando Amma parla di fiducia in se stessi, non intende la fiducia nel nostro piccolo ego, ma la fede, la fiducia e la saggezza generate dalla devozione verso Dio e verso il Guru e dall'aver fatto l'esperienza della loro presenza. Quando viviamo con un vero Guru, guardiamo attentamente le sue azioni, ascoltiamo le sue parole e i suoi insegnamenti e sviluppiamo la fede osservando il suo modo di vivere. A poco a poco, ci plasmiamo a sua immagine e, infine, dopo aver svolto a lungo le pratiche spirituali, il nostro essere si sintonizza sulla frequenza della Presenza divina che il Maestro incarna: come lui, siamo concentrati e stabiliti nella Coscienza divina.

Vivere anche per poco tempo con un *Mahatma* come Amma ci permette di capire cosa siano realmente l'amore divino e la fiducia nel Sé ed è assai più efficace che leggere molti libri sulla spiritualità. Si dice che "Dio è amore". Per la maggior parte della gente, queste sono solo parole astratte. Come può Dio essere amore quando nel mondo c'è così tanta diseguaglianza e sofferenza? Ci è stato detto che "Dio ha creato tutti gli uomini uguali fra loro". Così recita la Dichiarazione d'Indipendenza degli Stati Uniti d'America del 1776:

> "Noi riteniamo che siano per se stesse evidenti queste verità: che tutti gli uomini sono creati eguali; che essi sono stati dotati dal Creatore di alcuni inalienabili diritti, che tra questi diritti vi sono la Vita, la Libertà e il perseguimento della Felicità".

Possiamo cogliere un significato molto diverso della parola "uguaglianza" osservando la vita di Amma.

L'uguaglianza che si presume tutti noi abbiamo dalla nascita diviene disuguaglianza a mano a mano che cresciamo. Sin dall'infanzia, conosciamo i favoritismi e la discriminazione. L'uguaglianza che però Amma incarna è sempre la stessa, non solo verso gli esseri umani, ma anche verso le piante e gli animali. Poiché Amma si è identificata con la Vita e la Coscienza universale, vede tale Principio in ogni cosa; questa esperienza traspare dalla sua capacità di esprimere un amore equanime e libero da desideri.

Amma ha una visione dell'Unità che è l'antitesi dell'egocentrismo e dell'egoismo. Egocentrismo significa darsi eccessiva importanza, avere l'abitudine di parlare troppo di sé, mentre l'egoismo si manifesta nell'anteporre i propri desideri e bisogni a quelli degli altri, restando focalizzati su se stessi.

Vedere l'unità nella diversità

Gli esseri come Amma vedono l'unità nella diversità e si identificano con ogni creatura. Hanno completamente rinunciato all'individualità e alle sue manifestazioni, come il desiderio o la paura, e hanno espanso la coscienza di se stessi, che da un piccolo ego limitato è diventata l'Essere infinito.

> "Eccelle colui che ha un atteggiamento equanime verso le persone benevole, gli amici e i nemici, gli indifferenti e quelli che non prendono posizione, così come verso coloro che sono pieni di odio e verso i parenti, verso i buoni e verso i malvagi".
>
> – *Bhagavad Gita*, cap.6, v.9

L'equanimità di tali *Mahatma* è assoluta poiché essi sono riusciti a controllare la dispersione della mente attraverso una costante pratica spirituale e a dimorare nella consapevolezza di *Brahman*. Coloro che hanno realizzato il Sé vedono se stessi e ogni cosa come *Brahman*.

Il Signore Krishna prosegue dicendo:

> "Colui che ha la mente stabilita nello yoga e una visione equanime vede il Sé in tutti gli esseri e tutti gli esseri nel Sé. Chi vede Me in ogni cosa e ogni cosa in Me, non mi perderà mai né Io mi separerò da lui. Dimorando in questa unità, egli adora Me, che risiedo in tutte le creature; in qualunque modo egli viva, quello yogi vive in Me. Chi vede tutte le cose in modo equanime – siano esse piacevoli o dolorose – come il suo stesso Sé è ritenuto il migliore fra gli yogi, o Arjuna!"
>
> – *Bhagavad Gita*, cap.6, vv.29-32

Quest'ultimo verso ricorda i principi enunciati nella Regola aurea della Bibbia o nell'Etica della Reciprocità:

> "Fai agli altri quello che vorresti fosse fatto a te; non fare agli altri quello che non vorresti fosse fatto a te".

È evidente che questa è un'indicazione etica e non un'esperienza nata dall'unità.

Meditare su Amma

Amma non parla molto di se stessa, ma lo studio della *Bhagavad Gita* ci consente di intuire la sua esperienza interiore, lo scopo cui dovremmo aspirare. Il ricordo di Amma, la devozione e l'amore verso di lei rimuovono gradualmente i nostri pensieri e sentimenti superflui. Potremmo iniziare ad accettare situazioni che prima ci irritavano e tenere a mente esempi e parole di Amma quando parliamo e ci relazioniamo con gli altri. Gradualmente, il nostro ego si purifica e riflette la personalità di Amma. Il "Mio" viene progressivamente sostituito dal "Tuo". Le nostre azioni e i nostri pensieri sfumano per lasciare posto a quelli di Amma. Nella mente comincia a comparire la percezione del distacco che dona un senso di pace.

In seguito, sentendo di essere un riflesso di Amma, acquisiamo fiducia in noi stessi e le nostre paure perdono forza man mano che cresce la sua presenza in noi. Non ci limitiamo più a parlare di umiltà, ma siamo veramente umili. Il nostro ego diventa trasparente, flessibile, e percepiamo Amma come la Realtà immutabile che sottende la nostra mente. Mentre noi diventiamo nulla, lei diventa Tutto.

Devozione fanatica e Sanatana Dharma

A un certo stadio della vita spirituale, il devoto diventa intollerante verso chi è diverso da lui. La fede in un guru, in un libro sacro o in una religione può a volte trasformarsi in fanatismo o in chiusura mentale. È un comportamento abbastanza naturale, poiché l'aspirante spirituale è convinto del grande valore dello stile di vita che ha appena scoperto. In realtà, tale atteggiamento è molto utile in una particolare fase della vita spirituale. È bene focalizzarci solo sulla nostra fede perché in tal modo non rischiamo di distrarci, di lasciarci andare, di avere poco carattere o scarsa motivazione. È molto comune tra i devoti passare da un ashram all'altro e da un guru all'altro. Un giorno o l'altro dovremo scegliere un solo maestro e una sola pratica. Si dice infatti che, se vogliamo trovare l'acqua, dobbiamo scavare in un unico posto fino a quando non l'abbiamo trovata.

Una delle caratteristiche più nobili del *Sanatana Dharma* o Induismo, come viene chiamato comunemente, è l'accogliere tutte le concezioni di Dio e tutte le vie che portano a Lui. Guardate l'accettazione universale che Amma incarna, senza bigottismo e ristrettezza di vedute. Dobbiamo essere profondamente fedeli al nostro cammino e rimanere al tempo stesso aperti a quello degli altri. Occorrono una certa abilità e maturità per riuscirci.

Un giorno, una funzionaria commerciale di telefonia andò all'ashram di San Ramon. La donna non era interessata alla spiritualità. Vide una grande foto di Amma sulla parete e continuò a guardarla mentre parlava di telefoni. Era evidente che si stesse chiedendo chi fosse Amma.

"Chi è quella donna?" domandò.

"Beh, è una santa indiana. Per certi versi potremmo paragonarla a Madre Teresa" risposi. Ho costatato che questo paragone è un buon modo per presentare Amma a chi non sa nulla della spiritualità indiana. Madre Teresa è conosciuta in tutto il mondo ed è considerata una santa.

"Oh, davvero?" rispose. "Crede che Gesù Cristo sia l'unico Figlio di Dio?"

Non mi aspettavo questa domanda, dovevo trovare velocemente una risposta.

"Crede che Gesù Cristo sia un figlio di Dio, ma non il solo".

"Com'è possibile?"

"Beh, provi a rifletterci. Gli esseri umani sono sulla terra da migliaia di anni: pensa che in tutti questi anni Dio abbia avuto la bontà d'incarnarsi una volta sola? Che il mondo intero debba poi credere a questa sola incarnazione? Che tutti quelli che sono vissuti prima non abbiano avuto nessuna possibilità di salvarsi perché, sfortunatamente, sono nati in un'altra epoca? Io credo che Dio, che è infinito ed eterno, si manifesti in tempi diversi per aiutarci quando le cose vanno veramente male, e che Gesù sia una di queste incarnazioni di Dio".

"Oh, non avevo mai pensato in questo modo. Mi sembra molto logico", fu il suo commento.

Cominciammo a parlare di Amma. Sembrava contenta. "Vi farò il prezzo migliore, anche se questo potrebbe ridurre la mia provvigione" disse. Era felicissima di sapere che qualcuno come Amma vivesse oggi sulla Terra. Non so se in seguito questa donna abbia incontrato Amma, ma almeno ha avuto il suo darshan attraverso una foto. A differenza di altri, questa persona aveva una mente aperta.

Potreste rimanere sorpresi nel sapere che, anche fra gli indù, ci sono devoti che intavolano accese discussioni sulla loro concezione di Dio. Oggigiorno questo non accade più ma, che mi crediate o no, alcuni secoli fa esistevano sette religiose che lottavano fino a sterminarsi tra loro in nome della "devozione" verso il loro Dio!

Shivaismo e vishnuismo

Due devoti induisti camminavano per strada, in direzioni opposte, quando cominciò a piovere a dirotto. C'era un solo riparo in vista, una vecchia casa diroccata sul lato della strada. Entrambi si diressero correndo verso quel rifugio, entrarono in una stanza e si sedettero, aspettando che smettesse di piovere. Uno dei due, Shivadas (devoto di Shiva) era *shivaita*, mentre l'altro, che si chiamava Vishnudas (devoto di Vishnu), era *vishnuita*. Si poteva riconoscere il devoto di Shiva dai tre segni orizzontali tracciati con la cenere (*bhasma*) sulla sua fronte; il devoto di Vishnu aveva invece sulla fronte tre righe verticali (*namam*).

I due uomini si guardarono e decisero d'ignorarsi perché appartenevano a gruppi religiosi diversi. Si voltarono reciprocamente la schiena in modo che nessuno guardasse il Dio dell'altro. Piuttosto folle, non vi sembra? Ma quanto sarebbe potuto durare tutto questo? Alla fine, naturalmente, cominciarono a parlare. Di che cosa? Indovinate! Cercarono di convincersi a vicenda della superiorità del loro Dio!

Vishnudas disse: "Il mio Dio verticale sostiene la casa in cui ti sei rifugiato. Vedi i muri? Sono verticali, proprio come il mio Dio".

Shivadas non era il tipo da accettare senza reagire e replicò: "Poveretto! Il tuo Dio è come una bestia da soma. Tutto quello che sa fare è trasportare carichi sulla schiena. Guarda il mio Dio: è orizzontale e riposa tranquillamente sul tuo Dio" disse, indicando le travi di legno trasversali al tetto.

Vishnudas doveva rispondere in qualche modo e così disse: "Solo una mente limitata può fare tale affermazione. Guarda il mio Dio verticale, guarda quelle travi che sostengono i travetti. Suvvia, ammettilo: il mio Dio verticale è migliore del tuo orizzontale".

Molto seccato, Shivadas non era disposto ad accettare tali parole ed esclamò: "Ma sei cieco? Non vedi che sul tuo Dio verticale c'è un Dio orizzontale? Sono i bambù che sostengono il tetto!"

Poiché nella stanza non c'erano altri appigli per la discussione, Vishnudas uscì sotto la pioggia e, guardando il tetto, disse: "Guarda, in cima al tetto, sopra i bambù, ci sono delle tegole verticali; il mio Dio verticale è dunque superiore al tuo orizzontale. Ho vinto io".

Shivadas allora uscì e vide che, in effetti, le tegole sovrastavano il tetto. Sopra di esse c'era solo il cielo e nessuno può dire se il cielo appartenga a un Dio verticale o orizzontale. Infuriato, andò sul tetto e cominciò a gettare tutte le tegole a terra dicendo: "Adesso ti faccio vedere io com'è il tuo Dio!"

A quel punto, Vishnudas si mise a spezzare i bambù. Shivadas ruppe allora i travetti e Vishnudas le travi. Infine Shivadas demolì i muri. Tutti e due erano ora sotto la pioggia, esausti ma felici di avere entrambi vinto la disputa distruggendo completamente la casa.

Non ha alcun senso discutere su quale Dio sia superiore o su chi sia il Guru più grande. Molto probabilmente, Dio ride di noi perché ignoriamo completamente la vera natura del Divino e del Guru. Dio non è una persona come noi. Dio è *Akhanda Satchitananda*, Esistenza-Coscienza-Beatitudine senza divisioni, il Sé di ognuno. Nulla esiste separato da Lui.

CAPITOLO DIECI

Il Monte Everest della spiritualità

Potremmo paragonare la vita spirituale alla scalata dell'Everest, perché sono necessari uno sforzo e un'attenzione costanti, quasi sovrumani. È una questione di vita o di morte. Bisogna essere estremamente vigili in ogni momento ed evitare le trappole, perché anche il più piccolo errore può essere fatale.

Prima di tutto, è indispensabile avere una guida esperta. Questa impresa non è per tutti, anche se, per chi desidera godere del magnifico panorama che offre la vetta, vale tutti i sacrifici.

Il saggio Narada, che non era solo un grande devoto, ma anche un'anima realizzata, ha composto un trattato sulla devozione (*bhakti*) dal titolo *Narada Bhakti Sutra*. I *sutra* esprimono in modo sintetico un concetto molto ampio. Narada ci mette in guardia contro alcune trappole che si incontrano sul cammino spirituale e ci spiega cosa fare per realizzare l'amore per il Divino. Questo saggio ci avverte anche, cosa molto importante, di ciò che non si dovrebbe fare. È infatti necessario essere consapevoli di entrambe le cose. Poiché siamo animali sociali, dobbiamo prestare particolare attenzione ai pericoli che derivano dal frequentare persone che potrebbero distoglierci dal cammino. Non dovremmo pensare: "La mia devozione è così forte che le parole e i pensieri degli altri non possono condizionarmi". Non soltanto le parole, ma anche le vibrazioni delle persone e i cibi che ci offrono possono influenzarci.

> "Evitate in ogni modo le cattive compagnie perché potrebbero risvegliare il desiderio sessuale e la collera, causare illusione e oblio, portarvi a dimenticare il vostro scopo, farvi perdere il discernimento e condurvi infine alla rovina. Sebbene all'inizio appaiano solo come increspature, queste tendenze possono trasformarsi in onde gigantesche sotto l'influenza di cattive compagnie".
>
> – *Narada Bhakti Sutra* vv.42-45

Amma ci esorta a proteggere con molta cura la tenera piantina della fede e della devozione con lo steccato della disciplina.

Ecco cosa dice a riguardo:

> "Non date alle vibrazioni negative la minima opportunità di influenzare il vostro corpo. Un *sadhak* non dovrebbe mai soffermare il suo sguardo su nessuno. Non parlate troppo: gran parte della nostra energia vitale viene dissipata parlando. Sarebbe meglio che i *sadhak* evitassero di socializzare: certo, siamo tutti esseri umani, ma siamo tutti uguali? Alcuni sono ladri, altri onesti, altri ancora sono pieni di compassione. Per un aspirante spirituale, può essere dannoso frequentare persone prive di fondamenti spirituali.

Se vivessimo a stretto contatto con un lebbroso, non rischieremmo forse di contrarre questa malattia? Tutte queste regole sono necessarie per tutto il periodo della *sadhana*, prima di giungere alla Liberazione, allo stato di *jivanmukti*. Esercitando grande vigilanza esteriore, il ricercatore spirituale può, nella fase iniziale, fronteggiare e superare gli ostacoli. In un *ashram* (monastero), la disciplina e la routine giornaliera sono indispensabili. A differenza degli uccelli, gli esseri umani hanno bisogno di avere il cammino tracciato. Per un *avatar* (incarnazione divina) o un *jivanmukta* (saggio liberato), non è necessario seguire un cammino. Possiamo progredire solo osservando le regole prescritte dalle Scritture e dai grandi maestri. Un sostenitore del non dualismo potrebbe ritenere che l'osservanza di queste regole sia una sorta di debolezza ma, così facendo, una tale persona dimostra di essere soltanto capace di parlare di non dualismo. Quelli che hanno raggiunto la meta hanno tutti osservato una stretta disciplina".

Una disciplina così rigorosa potrebbe non essere realistica o risultare persino impraticabile per qualche *sadhak*. Molti sono impegnati nel mondo, devono lavorare o andare a scuola. Certo, la situazione ideale sarebbe che tutti i nostri migliori amici percorrano il sentiero spirituale, ma a volte questo non è possibile. Se pratichiamo seriamente, la maggior parte dei nostri amici si allontanerà da noi a meno che non siano interessati alla spiritualità. Ad ogni modo, prendiamo consapevolezza dell'influenza che esercitano le persone e chiediamoci se esse intaccano la nostra fede e la nostra devozione. La fede e la devozione non scompaiono misteriosamente, c'è sempre una causa che dovremmo scoprire ed eliminare.

Nel 1978, andai per sei mesi negli Stati Uniti per sottopormi a delle cure mediche. Abitavo da mia madre perché non conoscevo nessun altro. Questo accadde poco prima d'incontrare Amma. Vivevo in India da dieci anni e all'epoca sentivo che la mia fede e il mio distacco erano molto solidi. Nel 1967 avevo deciso che la vita spirituale era la mia strada, che non ce n'era un'altra per me e che avrei vissuto come monaco. Nessuno aveva cercato di convincermi e non avevo letto nessun libro a favore della vita monastica. Questa convinzione era subentrata da sola e non avevo dubbi che fosse la mia strada. Non sto dicendo che questo sia l'unico stile di vita possibile per un aspirante spirituale, ma era sicuramente la mia via: ne ero certo.

Pensieri insidiosi

Consultai diversi medici ed eseguii vari trattamenti, senza nessun miglioramento. Dopo cinque mesi, mi accorsi che i miei pensieri stavano cambiando. Sorgevano pensieri strani: "Perché sto vivendo in questo modo? Perché mi impongo così tanta sofferenza? Ho rinunciato a tutto, alle gioie e ai piaceri del mondo, ma per cosa? Avendo appreso che esiste uno stato di beatitudine assai superiore ai piaceri di questo mondo, ho sofferto per dieci anni cercandolo. Con quale risultato? Ho trascorso il mio tempo a letto, ammalato. Che idiota! Ho sprecato la mia vita, avrei dovuto ascoltare chi mi diceva che sarei stato più felice nel mondo".

Un attimo dopo, e doveva essere senza dubbio opera della grazia del mio Guru, mi dissi: “Perché mi vengono questi pensieri? Cosa mi sta succedendo? Non li avevo in India. Non c’è un altro modo di vivere per me. Ho già vissuto la mia vita nel mondo e compreso con chiarezza la banalità e l’egoismo che vi regnano. Non se ne parla proprio di riprenderla. Chi frequenta l’università non ritorna alle superiori per proseguire gli studi. Perché dunque questi pensieri antitetici? Ho qualche ambizione o desiderio insoddisfatto?”

Cercavo di capire cosa stesse accadendo. Mi accorsi infine che la mia natura spirituale era profondamente intaccata e minata da un’atmosfera mondana e dalle persone che frequentavo. Tutti quelli che incontravo mi lasciavano intendere, discretamente o apertamente, che, se avessi condotto una vita “normale”, tutti i miei mali sarebbero scomparsi e sarei stato felice. Uno di questi amici, ben intenzionato ma poco assennato, arrivò persino a suggerirmi di andare fino alla frontiera messicana e di trascorrere un po’ di tempo con una prostituta!

In quel periodo, stavo così male da non riuscire più ad alzarmi. Facevo fatica a fare dieci passi, ma presi questa decisione: “Se devo morire, non sarà qui, ma in un’atmosfera spirituale e con pensieri legati alla spiritualità. Preferisco morire piuttosto che sprecare dieci anni di estenuante *sadhana*”. Alzai la cornetta del telefono e prenotai un biglietto aereo per l’India per l’indomani. Dopo essere riuscito in qualche modo a tornare in India, ritrovai il mio stato spirituale precedente.

Avevo capito che il cibo, la compagnia, le conversazioni, l’atmosfera, tutto ha un’influenza su di noi; qualunque sia la forza mentale e spirituale che crediamo di avere, l’ambiente è sempre più forte di noi, nel bene o nel male. E, più di ogni altra cosa, compresi che, nonostante la mia ignoranza, il mio Guru mi aveva salvato da una situazione pericolosa.

La storia di Vipranarayana

Dopo essere rientrato in India, lessi una storia ricca di insegnamenti spirituali che mi ricordò la mia amara esperienza. È la storia di Vipranarayana, un grande devoto vissuto nell'ottavo secolo nel Tamil Nadu.

Vipranarayana era nato in una famiglia di sacerdoti e crebbe studiando i *Veda* e le altre Scritture. Grande poeta e musicista, aveva deciso di restare celibe per tutta la vita (*naishtika brahmachari*).

Ogni mattino si bagnava nel fiume, recitando il suo mantra e rendendo omaggio al Signore Vishnu nella forma del Signore Ranganatha. Aveva acquistato un grande terreno vicino al tempio del Signore Ranganatha per costruire un ashram e vi aveva realizzato un bellissimo giardino pieno di fiori. Ogni giorno coglieva i fiori e intrecciava una meravigliosa ghirlanda che offriva al Signore nel tempio. Mentre cantava per Lui, entrava in uno stato di devozione profonda, nel quale non era più cosciente del mondo.

Un giorno, mentre tornava all'ashram nel suo abituale stato di ebbrezza divina, due danzatrici (*devadasi*), che erano anche prostitute, si inchinarono a lui, aspettando la sua benedizione. Ignaro della loro presenza, Vipranarayana continuò il suo cammino. Una delle donne, Devadevi, si offese moltissimo, pensando che egli l'avesse umiliata intenzionalmente. Devadevi era nota per essere la più bella e la migliore danzatrice del regno ed era molto orgogliosa di questo.

Rivolgendosi alla sorella, esclamò: "Chi si crede di essere quest'uomo? Crede che sia possibile ignorarmi così? Io sono la donna più bella del regno. Come osa?"

"Ma no, sorella, lui è un grande devoto, probabilmente non ci ha nemmeno viste. Dai, andiamo a casa".

"Non se ne parla neanche! Non intendo inghiottire questo insulto come se io non fossi nessuno! Scommetto che mi basteranno un paio di giorni per renderlo mio schiavo" disse Devadevi.

"Ti prego, andiamo a casa" supplicò la sorella. "Se cerchi di rovinare questo grande devoto riceverai sicuramente una terribile punizione".

Ma Devadevi non si diede per vinta e si allontanò con la sorella escogitando la sua vendetta. Tornata a casa, si vestì di bianco come una devota del Signore Vishnu, indossò un rosario (*mala*) di tulasi intorno al collo, mise della pasta di sandalo sulla fronte e, poiché era un'eccellente musicista, prese con sé dei cimbali.

Arrivata davanti all'ingresso dell'ashram, si mise a sedere cantando inni sacri. Quando Vipranarayana arrivò, come sempre non la notò nemmeno ed entrò nel giardino. Tutto ciò continuò per un paio di giorni, ma Devadevi non si lasciò scoraggiare. Il terzo giorno, la dolce e melodiosa voce della donna distolse il devoto dalle sue pie elucubrazioni. Si fermò ad ascoltarla a lungo e infine le chiese chi fosse e perché sedesse davanti all'ashram.

"Sono nata in una casa di tolleranza. Mia madre voleva che anch'io mi vendessi per denaro, ma ho rifiutato. Sin da piccola sono devota del Signore Ranganatha. Mia madre mi ha picchiata e chiusa in una stanza, ma io sono scappata e corsa al fiume. Volevo annegare, non m'importava più di vivere. Mentre stavo per gettarmi in acqua, il Signore Ranganatha mi è apparso assieme alla dea Lakshmi e mi ha detto di cercare rifugio nel tuo ashram. Ecco perché sono qui. Ti prego, non mandarmi via" rispose Devadevi.

Ascoltando questa triste ma bellissima storia, l'uomo le disse che poteva abitare in un capanno nel giardino. Il suo servo lo mise in guardia, avvertendolo che la donna gli avrebbe causato dei fastidi, ma lui non gli diede retta. Vipranarayana decise che Devadevi avrebbe potuto lavorare come giardiniera. Passarono giorni: l'uomo conversava spesso con lei, ascoltava la sua musica e, senza rendersene conto, cominciò ad apprezzarne la bellezza e la dolce natura. Nauseato dall'intera scena, il servo lasciò l'ashram.

Una notte, cadde una pioggia torrenziale che fece crollare il capanno di Devadevi. Intravedendo l'occasione per portare a termine il suo piano, la donna andò sulla veranda di Vipranarayana. Egli finì col vederla e la invitò a entrare nella sua camera. Notando che era fradicia, le offrì uno dei suoi abiti e le disse di cambiarsi. Poiché la stanza era molto piccola, le offrì un angolo dove riposare, mentre lui si sarebbe coricato in un altro. In breve, la donna gli propose di massaggiare i suoi piedi doloranti: Vipranarayana accettò e poco dopo finirono con l'abbracciarsi.

Devadevi aveva vinto. Lasciò l'ashram e tornò a casa con grande dolore dell'uomo, che aveva ormai la mente e il cuore stregati da lei. Vipranarayana smise di andare al tempio e di preparare ghirlande per il Signore. Non colse più i fiori del suo guardino per il Signore, pensava solo a Devadevi. Infine, non riuscendo più a sopportare il dolore, andò a casa della donna supplicandola di farlo entrare. Vedendo che non aveva denaro, la madre di Devadevi lo cacciò e gli disse di non tornare se non poteva pagare. A questo punto, Devadevi capì tristemente l'errore che aveva fatto e si innamorò di Vipranarayana, steso a terra sul porticato di casa, in lacrime. Vedendo tutto questo, il Signore decise che era tempo d'intervenire e salvare il Suo devoto. Assunse la forma del servo di Vipranarayana e bussò alla porta di Devadevi. Quando la madre uscì, le donò una ciotola d'oro dicendo che era il servo di Vipranarayana e che questa ciotola serviva per pagare le future richieste del suo padrone.

L'indomani, quando all'alba si aprirono le porte del tempio del Signore Ranganatha, i sacerdoti notarono sconvolti che mancava una ciotola d'oro. La serratura delle porte era intatta, non c'erano segni di effrazione. Se fosse entrato un ladro, la serratura sarebbe stata forzata e le porte si sarebbero aperte, ma non era così e la ciotola era l'unico oggetto mancante. Informato del furto, il re inviò i suoi soldati a cercare la ciotola d'oro, che trovarono infine a casa di Devadevi. Interrogata, la donna rispose: "Me l'ha data il servo di Vipranarayana".

I soldati riferirono l'accaduto al re che non sapeva più cosa pensare. Sembrava che nessuno avesse forzato la serratura del tempio e rubato la ciotola d'oro. Come aveva dunque potuto prenderla qualcuno che sosteneva di essere il servitore di

Vipranarayana? Viste le circostanze, il re fu tuttavia costretto ad ordinare di arrestare Vipranarayana e di tagliargli le mani.

A quei tempi, i re avevano timore di Dio, seguivano il sentiero del *dharma*. Il Signore apparve quindi al re in sogno e gli disse: "Vipranarayana è innocente, non ha rubato la ciotola. Sono stato io a portarla a casa di Devadevi!"

Il sovrano fece immediatamente liberare Vipranarayana. Ben presto, la notizia che il Signore era apparso in sogno al re per dichiarare l'innocenza di Vipranarayana si diffuse a macchia d'olio. Quando giunse alle orecchie di Vipranarayana, costui ne fu molto turbato e provò vergogna.

"Oh, quanto è grande il Signore! Per il bene di un devoto, è persino arrivato al punto di bussare alla porta di una prostituta!" Afflitto da un profondo rimorso, si precipitò al tempio e gridò con dolore: "O Signore, Ti servivo, ma ho rinunciato a tutto questo per l'affascinante compagnia di Devadevi. Non ho neppure dato ascolto al consiglio del mio servo e di altri amici talmente ero preda dell'illusione. Ti prego, perdonami!"

Anche Devadevi capì infine la sua follia e trascorse il resto della sua vita seguendo il sentiero della devozione.

Non dovremmo mai pensare di non avere più bisogno delle regole della disciplina. Il falso orgoglio, le cattive compagnie e un ambiente mondano sono stati la rovina di molti devoti.

CAPITOLO UNDICI

La sete di realizzare Dio

La sete di realizzare Dio è la qualità più rara in un essere umano.

Ecco cosa dice il Signore Krishna a questo proposito:

> "Tra migliaia di uomini, uno solo si impegna forse a raggiungere la perfezione e tra quelli che, impegnandosi, diventano perfetti, uno solo, forse, Mi conosce veramente".
>
> – *Bhagavad Gita*, cap. 7, v. 3

In una delle sue opere, Shankaracharya afferma:

> "Tre sono le cose veramente rare, dovute alla grazia di Dio: una nascita umana, la brama di giungere alla Liberazione e la protezione amorevole di un saggio realizzato".
>
> – *Vivekachudamani*, v. 3

L'aspirazione alla Liberazione (*Mumukshuta*) è il desiderio di liberarsi da ogni vincolo per realizzare la propria vera natura. I legami che ci incatenano, che si tratti dell'egoismo o dell'attaccamento al corpo, sono proiezioni della nostra ignoranza.

Ancora nel *Vivekachudamani*, si narra questo episodio:

> Un discepolo andò da un Guru realizzato e disse: "O Maestro, amico di coloro che si prostrano a voi, Oceano di compassione, sono caduto in questo mare di nascita e morte. Vi prego, salvatemi con un vostro semplice sguardo da cui stilla il nettare della grazia suprema. Come posso attraversare l'oceano dell'esistenza fenomenica, quale sarà la mia sorte e a quali mezzi devo ricorrere? Non so nulla di tutto questo. Degnatevi dunque di salvarmi, o Signore, e parlatemi diffusamente di come porre fine alla sofferenza di questa esistenza limitata!"
> Il Guru rispose: "Che tu sia benedetto! Hai raggiunto lo scopo della tua vita e santificato la tua famiglia perché desideri realizzare *Brahman* e liberarti dai lacci dell'ignoranza!"
>
> – *Vivekachudamani*, vv. 35, 40, 50

Ci si potrebbe chiedere come fare per sviluppare una simile determinazione. La compagnia dei *Mahatma*, lo stare in loro presenza e la lettura o l'ascolto dei loro discorsi hanno il potere di ispirare quelli che, pur aspirando a realizzare il Divino, non hanno ancora l'ardore che spinge a dedicarsi totalmente a questo scopo.

Per un *sadhak*, la parte più importante della vita dei *Mahatma* è il momento in cui essi sviluppano il distacco (*vairagya*) dai legami mondani.

> "Lo strumento fondamentale per ottenere la Liberazione è *vairagya*, il distacco. Le altre qualità, come la

quiete mentale, l'autocontrollo, la pazienza e l'astenersi dall'agire, possono sopraggiungere in seguito..."

– *Vivekachudamani*, v. 69

I *Mahatma* affermano che uno dei principali ostacoli al desiderio di realizzare il Sé è l'attaccamento verso ciò che è effimero. In altre parole, la nostra attenzione e la nostra energia sono prevalentemente dirette verso gli oggetti del mondo: dov'è la nostra mente, lì è il nostro cuore.

Potremmo paragonare il sorgere di un distacco autentico a un aereo che arriva a fine pista, in attesa di decollare: a quel punto, l'aereo è pronto a staccarsi da terra e a volare nel cielo. Sembra che questo avvenga quando si prende coscienza del male insito nella vita mondana e dell'ineluttabilità della morte.

Buddha

Quasi tutti conoscono la storia del Signore Buddha, che nacque in una famiglia reale e visse nell'attuale Nepal più di 2.500 anni fa. Come quasi tutti i principi, viveva nel lusso e nei piaceri. Casualmente, ebbe l'occasione di vedere come fosse la vita fuori dalla reggia e ne rimase molto turbato. Incontrò anziani e ammalati, vide dei morti e si imbatté anche in un asceta. Non aveva mai potuto vedere questa realtà prima di allora, perché suo padre aveva fatto in modo di tenerlo lontano.

Quando Siddhartha (questo era il nome che i genitori gli avevano dato) nacque, un astrologo predisse che sarebbe potuto diventare un grande asceta o un *sannyasi*, rinunciando al mondo per diventare un saggio. Suo padre, spiritualmente ignorante, non voleva che ciò accadesse: desiderava che il figlio gli succedesse al trono; pensava che, se Siddhartha avesse conosciuto soltanto il piacere – senza mai entrare in contatto con la sofferenza, sua o di altri – non avrebbe mai sentito il bisogno di staccarsi dal mondo.

Ma, come affermano alcuni versi sapienti:

"I destini delle anime sono determinati da Dio
in base alle azioni che hanno compiuto.
Ciò che non è predestinato,
non accadrà in nessun modo
per quanto ci si sforzi.
E tutto quello che deve avvenire,
avverrà un giorno,
nonostante i tentativi di evitarlo
o di interferire con il suo corso.
Questo è certo.
Infine, capiremo
che la cosa migliore è il silenzio".

– Sri Ramana Maharshi

Amma afferma, avendolo sperimentato, che la coscienza è la nostra vera natura, l'anima è la nostra essenza; tuttavia noi ci siamo attaccati e identificati con un corpo. Attraverso i sensi, facciamo l'esperienza dell'universo da cui origina questo corpo e dimentichiamo quasi completamente la nostra vera natura. Dico "quasi" perché, essendo la coscienza anche beatitudine, cerchiamo istintivamente una felicità durevole e costante. Sfortunatamente, la nostra gioia si intreccia sempre con il dolore perché la cerchiamo nel posto sbagliato.

Siamo costantemente bombardati non solo dagli oggetti del mondo, ma anche e soprattutto dalle idee e dagli obiettivi terreni. Al giorno d'oggi, in qualunque paese viviamo, dal momento in cui capiamo ciò che ci viene detto, apprendiamo inconsciamente che il piacere ci può dare la felicità: questa idea erronea ci viene trasmessa dalla famiglia, dalla società e dai mezzi di comunicazione. Nessuno sembra menzionare la sofferenza o rendersi conto della sua esistenza.

La maggior parte delle anime si risveglia dal sogno dell'esistenza nel mondo dopo aver vissuto molte esperienze dolorose.

Perché avvenga il risveglio, sono spesso necessarie più vite in cui il piacere si alterna alla sofferenza. A un certo punto, l'anima individuale (*jiva*) non trae più soddisfazione dal piacere e ne ha abbastanza del dolore. Per grazia di Dio, ci si accosta al sentiero della realizzazione o della devozione e si trova sollievo e una soluzione alle proprie difficoltà. Ecco perché il *satsang* è così importante.

Siddhartha ricevette il *satsang* da un suo ministro, che lo accompagnò fuori dal palazzo per mostrargli quello che accadeva nel mondo. Rispondendo alle domande del principe, il ministro gli spiegò che tutti gli eventi dolorosi di cui era testimone sarebbero capitati anche a lui. Profondamente scosso da queste parole, Siddhartha perse ogni piacere per le cose effimere del mondo.

Il principe aveva una moglie bellissima, un figlio e tutto quello che un giovane avrebbe potuto desiderare ma, dopo aver visto l'inevitabile lato doloroso della vita e appreso che non ne sarebbe rimasto immune, nulla gli sembrò avere più senso. Siddhartha non "nascose la testa sotto la sabbia" come fa la maggior parte delle persone, sentì che avrebbe dovuto trovare un modo per uscire da quella condizione e che indulgere nei piaceri per alleviare il dolore e la paura non era la soluzione.

In un primo momento, questo suo improvviso distacco potrebbe suscitare perplessità. La maggior parte delle anime incarnate passa attraverso molte tribolazioni e spesso soffre a lungo senza mai avvertire l'esigenza di cercare dentro di sé una soluzione. L'attaccamento glielo impedisce. Colui che riesce a destarsi rapidamente dal torpore della vita mondana ha indubbiamente acquisito la capacità di distacco e svolto intense pratiche spirituali nelle vite passate. Quando Arjuna chiese cosa sarebbe accaduto a un aspirante spirituale che nella vita non aveva potuto realizzare il Sé perché i suoi sforzi erano stati insufficienti, il signore Krishna rispose:

> "Avendo dimorato nel mondo dei giusti per innumerevoli anni, colui che ha fallito nello yoga rinasce nella casa di persone virtuose e illustri. Oppure rinasce in una famiglia di yogi saggi; in verità, è difficile ottenere una tale nascita su questa terra. Lì, ritroverà la concentrazione interiore acquisita nella precedente incarnazione, che lo aiuterà a impegnarsi maggiormente sulla via della perfezione. La sua pratica precedente lo porterà irresistibilmente a proseguire questo cammino. [...] Lo yogi che si sforza con zelo, interamente purificato dai suoi peccati attraverso numerose nascite, realizza la perfezione e raggiunge infine lo scopo supremo".
>
> – *Bhagavad Gita*, cap. 6, vv.41-43,45

La storia del devoto della dea Kali

Ecco una storia interessante che illustra questa verità:

Molto tempo fa, viveva un *sadhu*, un devoto della Madre Divina che aveva scelto di praticare una *sadhana* molto difficile: sedere su un cadavere in un campo crematorio, recitare il mantra di Kali e, a mezzanotte, celebrare una *puja* in onore della dea. Dopo essersi procurato l'occorrente per il rito, l'uomo si sedette sul cadavere e iniziò a recitare il suo mantra. All'improvviso dal bosco sbucò una tigre che lo divorò.

L'assistente del *sadhu* era un uomo semplice ma molto pio, che l'aveva aiutato a procurarsi e a preparare il necessario per la *puja*. Sentendo un fruscio tra i cespugli, questi si arrampicò su un albero. Vedendo che il *sadhu* era morto e che la tigre si era allontanata, sebbene fosse ancora molto scosso per l'accaduto, l'uomo pensò: "Meglio non sprecare tutti questi materiali molto costosi. Ho anche un cadavere a disposizione – opportunità molto rara". Scese quindi dall'albero e si sedette sul cadavere per compiere il rito. In quel momento, la dea Kali apparve dinanzi a lui in tutta la Sua Gloria e gli disse: "Figlio, Ti benedico accordandoti la grazia suprema: la realizzazione di Dio".

Sconcertato, l'uomo rispose: "Madre, il mio amico si è impegnato tantissimo per procurarsi tutto l'occorrente per la *puja* e avrebbe potuto celebrare questo rituale con grande precisione e grazia. Una tigre, però, l'ha divorato. Io, che sono nella più completa ignoranza, mi sono semplicemente seduto sul cadavere, indeciso sul da farsi. Mi chiedo ora perché io abbia ricevuto il Tuo darshan mentre invece lui è morto!"

Kali spiegò: "Nella tua vita precedente, tu eri un grande devoto e hai intrapreso rigorose austerità. Hai anche già celebrato questo rituale, ma sfortunatamente una tigre affamata è apparsa e ti ha divorato. Ecco perché in questa vita ricevi il frutto della tua devozione: la realizzazione di Dio. Il tuo amico, invece, aveva una mente ancora molto impura: dovrà quindi reincarnarsi e impegnarsi più di prima nella *sadhana*".

Uscendo dal palazzo reale, Siddhartha aveva anche incontrato uno yogi. Il ministro gli aveva spiegato che lo yogi stava cercando un modo per vincere la paura della vecchiaia e della morte. Riflettendo su queste parole e su quello che aveva visto, il principe decise, a trent'anni, di lasciare la reggia e di andare nella foresta per consacrare tutto il suo tempo alle pratiche ascetiche. Era giunto alla conclusione che conseguire uno stato di immortalità sarebbe stato l'unico modo per porre fine ai suoi problemi e alla sua insoddisfazione.

Siddhartha svolse diverse pratiche spirituali senza però ottenere la tanto desiderata Illuminazione. Rischiò persino di morire per le rigorose penitenze che si era imposto, tra cui il digiuno. Capì infine che avrebbe dovuto continuare la *sadhana* seguendo la via di mezzo e avendo cura del proprio corpo. Seduto sotto un albero di Bodh (*ficus religiosa*), prese questa ferma decisione: "Non mi alzerò finché non avrò raggiunto l'Illuminazione".

Grazie alla sua straordinaria forza di volontà e alla concentrazione acquisita attraverso una *sadhana* intensa, dissolse la mente nella sua fonte: il Sé Universale. È impossibile giungere alla realizzazione suprema senza l'intensità che ci procura la prossimità della morte. Quando si cerca di infilare un ago, se il filo ha anche solo un po' di lanugine, non potrà entrare nella cruna. Allo stesso modo, se nella nostra mente sorge anche il più piccolo pensiero mentre cerchiamo d'immergerci nel Cuore, nella dimora della Realtà, falliremo. Per riuscire, è necessaria una perfetta concentrazione, frutto di molte vite trascorse nel continuo tentativo di ottenerla.

Amma dice che, se incontriamo qualcuno che arde dal desiderio di realizzare Dio, costui ha coltivato questa brama nelle nascite precedenti. Chi in questa vita progredisce rapidamente nella *sadhana* aveva già compiuto pratiche spirituali nelle vite passate. Dovremmo trarre ispirazione da queste anime e impegnarci al massimo nel cammino spirituale, così da brillare come loro nella nostra prossima vita se non riusciamo a realizzare il Sé in questa.

Senza dubbio, lo sforzo personale è estremamente importante, ma ancora di più lo sono la benedizione e la grazia di un *Mahatma* da cui attingere ispirazione e perseveranza. Con i nostri soli sforzi non è possibile raggiungere lo scopo supremo. Come potrebbe questa minuscola anima immersa nell'ignoranza trascendere la sua stessa mente se non attraverso la grazia di quell'Essere che è oltre la mente? Perseverare nella *sadhana* è nelle nostre mani ed è ciò che attirerà su di noi la grazia del Guru. Tutti gli sforzi che facciamo per purificare noi stessi culminano nella benedizione onnipotente del Guru.

CAPITOLO DODICI

La natura degli avatar

"Ovunque si trovino i *Mahatma*, la gente si raduna attorno a loro, come la polvere è attratta in un mulinello. Il loro respiro e persino la brezza che accarezza il loro corpo sono di beneficio al mondo".

– Amma

Quando un fiore sboccia, le api ne sono attratte. Non c'è bisogno che il fiore le chiami perché suggano il nettare; forse le api sono attirate da un lieve profumo sprigionato dal fiore. Allo stesso modo, quando la mente pura di una persona sboccia giungendo alla realizzazione spirituale, la sottilissima fragranza divina che essa emana attrae i devoti, che ne siano coscienti o meno. Grandi folle seguivano Cristo ovunque egli andasse e lo stesso accadeva con Buddha. Possiamo vedere con i nostri stessi occhi questo fenomeno ripetersi con Amma. È veramente sorprendente come lei, una ragazza un tempo sconosciuta, proveniente da un villaggio remoto, sia diventata negli ultimi venticinque anni una figura spirituale e una filantropa di fama mondiale.

Ma la vita di Amma non è sempre stata così, e probabilmente non lo è neppure quella dei santi all'inizio del loro cammino. Quando sono andato da Amma per la prima volta, la sera della domenica, del martedì e del giovedì si radunava una piccola folla per assistere al *Bhava darshan*. Il resto del tempo non c'era quasi nessuno. Dopo che alcuni di noi hanno iniziato a vivere vicino ad Amma, le persone hanno capito pian piano, in base alle proprie esperienze, che si trattava di una figura spirituale e non, come inizialmente pensavano, di un canale attraverso cui si manifestavano le divinità.

A volte, Amma veniva invitata in luoghi vicini o nelle case dei devoti. Una sera andò a Kollam, a circa trenta chilometri dall'ashram, per cantare dei *bhajan* in un tempio. Sul posto non c'era quasi nessuno, solo due o tre bambini con le loro madri. Eravamo molto dispiaciuti che nessuno sapesse di Amma, ma al tempo stesso eravamo felici perché pensavamo egoisticamente che in tal modo l'avremmo avuta tutta per noi.

Un giorno Amma si recò nei pressi di Varkala, a due ore di macchina dal suo villaggio, in un piccolo ashram che apparteneva a un devoto. Quando vennero a sapere che Amma si trovava in quell'ashram, circa venticinque persone arrivarono da Varkala per incontrarla. Vedendo questa "enorme" folla attorno a lei, cominciammo a pensare, preoccupati, che forse quel giorno non saremmo riusciti a starle vicino. A quei tempi, quella era una grande folla.

Notando la nostra espressione, Amma capì il nostro turbamento e, mentre tornavamo all'ashram, ci disse: "Verrà un giorno in cui avrete bisogno del binocolo per vedermi!" Amareggiati, non capivamo cosa intendesse, speravamo che stesse semplicemente scherzando. Non avremmo mai immaginato che un giorno sarebbe diventata così famosa. Non passò molto tempo prima che queste parole profetiche si avverassero.

In occasione del suo compleanno, uscivamo dall'ashram per invitare le persone ai festeggiamenti; ciò nonostante, non partecipavano mai più di venti o trenta persone, alle quali si univano gli abitanti del villaggio. Un anno, arrivarono circa mille persone e da allora il numero continua a crescere.

A dire il vero, quando la gente cominciò ad accorrere rimasi un po' infastidito, talmente ero ignorante ed egoista. Comprendendo molto bene ciò che mi stava accadendo, un giorno Amma mi chiamò e disse: "Se sei turbato nel vedere che il numero dei devoti aumenta, perché rimani? Più persone vengono a trovarmi, più sono felice, perché questo è lo scopo della mia vita: stare col più grande numero di devoti e ispirare più gente possibile. È per questo che viaggio. Non ci guadagno nulla. Il mio solo intento è elevare le persone spiritualmente".

Il soffio della vita

Nell'Antico Testamento, c'è il seguente versetto tratto dal *Libro della Genesi*:

> "Allora il Signore Dio plasmò l'uomo con polvere del suolo e soffiò nelle sue narici un alito di vita e l'uomo divenne un essere vivente".
>
> – *Genesi* 2:7

Ai giorni nostri, in quest'epoca in cui trionfa la razionalità, potrebbe sembrare che il versetto descriva qualcosa di improbabile, ma è certo che gli esseri umani sono formati da terra e acqua unite alla forza vitale e alla coscienza.

È molto interessante vedere che, quando benedice qualcosa, Amma lo avvicina alle sue narici; dopo essersi concentrata per un attimo, vi soffia sopra. Fa lo stesso quando impartisce un mantra: lo soffia nell'orecchio della persona. Potremmo correlare questo gesto con l'affermazione di Amma che persino il soffio di un *Mahatma* è purificante. Anche durante la consacrazione di un nuovo tempio *Brahmasthanam*, Amma prende i fiori, vi respira sopra e poi li posa sulla statua o sull'immagine. Il respiro di un *Mahatma* è considerato uno strumento molto potente della forza e della grazia divina.

L'onnipotenza di un santo

> "Figli, Gesù è stato crocifisso e Sri Krishna è stato ucciso da una freccia: tutto questo è accaduto solo per loro volontà. Nessuno avrebbe potuto avvicinarsi senza il loro permesso. Avevano il potere di ridurre in cenere i loro oppositori, ma non lo hanno fatto. Essi sono venuti per mostrare il significato della parola "sacrificio".
>
> – Amma

La maggior parte di noi conosce la vita di Gesù Cristo. In India, viene considerato un *avatar*, Dio disceso sulla Terra assumendo una sembianza umana. Nel Nuovo Testamento, dopo che Gesù è stato consegnato ai Romani per essere ucciso, Ponzio Pilato gli chiede con arroganza: "Perché non mi parli? Non sai che io ho il potere di lasciarti andare o di crocifiggerti?"

Gesù risponde: "Tu non avresti nessuna autorità su di me se non ti fosse stata concessa dall'alto". In altre parole, la nascita di Gesù, la sua vita e persino la sua morte erano state volute dal Padre con il quale egli si identificava. Nessuno aveva il potere di ucciderLo senza il suo consenso.

La vita del Signore Krishna

Forse alcuni di noi conoscono solo qualche episodio della vita del Signore Krishna, o gli insegnamenti che impartì ad Arjuna nella *Bhagavad Gita*. Krishna è un personaggio storico che, secondo la tradizione indiana, nacque 5.000 anni fa nel Nord dell'India. A quel tempo, era in corso un'enorme guerra tra i suoi cugini, i virtuosi Pandava e i malvagi Kaurava; i rispettivi alleati, provenienti da tutta l'India, parteciparono a questo conflitto che provocò la morte di oltre quattro milioni di persone in diciotto giorni. Solo dodici guerrieri sopravvissero.

Gandhari, la madre dei Kaurava, credeva che Krishna fosse Dio; ciò nonostante, alla fine della guerra, lo affrontò infuriata ed esclamò: "Tu sei la causa della morte dei miei figli. Avresti potuto impedire la guerra, ma non l'hai fatto, e così quasi tutti i Kaurava sono morti. Proprio come la mia stirpe è stata distrutta, così, tra trentasei anni, anche la tua subirà la stessa sorte. Ti lancio questa maledizione: che Tu possa perire a causa di un animale!"

Con il suo più dolce sorriso, Krishna replicò: "Madre, mi hai liberato da un peso. Il mio clan è così potente che nessuno al mondo lo può distruggere. Hai risolto il mio problema. Per quanto riguarda la mia morte, che sia come vuoi tu: accetto come una benedizione la tua maledizione".

Krishna chinò il capo, come Amma china la testa con umiltà. Qualunque cosa la gente dica di lei, che siano elogi o insulti, china umilmente il capo e accetta tutto come la volontà di Dio. Al termine della guerra, Krishna tornò a Dwaraka, dove viveva con il suo clan, gli Yadava.

Trentasei anni più tardi, alcuni giovani giocavano in un boschetto fuori città. Stranamente, i ragazzi, che erano di solito ben educati, decisero quel giorno di fare una birichinata ad alcuni saggi che si trovavano lì vicino. Vestirono uno di loro da donna e gli misero un cuscino sotto i vestiti per simulare una gravidanza. Si avvicinarono ai saggi e, dopo essersi inchinati, dissero: "Venerabili, voi conoscete il futuro: vi preghiamo, diteci se questa ragazza incinta darà alla luce un maschio o una femmina".

Se Amma fosse stata presente, probabilmente avrebbe riso e dato un colpetto al cuscino, ma la maledizione doveva compiersi. Sotto tale influsso, i saggi andarono su tutte le furie ed esclamarono: "Siete degli insolenti: questa ragazza darà alla luce un pestello di ferro che causerà la distruzione del vostro clan!"

Quando tolsero il cuscino, i ragazzi trovarono un pestello. Che shock! Atterriti da quanto avevano fatto, corsero dal re con il pestello e gli raccontarono l'accaduto. Il re e gli altri uomini della corte decisero di polverizzare il pestello e di gettare la polvere nell'oceano. Nessuno informò Krishna, probabilmente per paura della sua reazione. Naturalmente, Lui sapeva già cosa sarebbe successo.

Dopo aver polverizzato il pestello, ne rimase ancora un pezzetto che i cortigiani non riuscirono a ridurre in polvere. Gettarono tutto nell'oceano. La polvere, trasportata dall'acqua, finì su un tratto della costa, chiamato Prabhasa, e si trasformò in un'erba particolarmente dura e affilata. Il pezzetto di metallo fu inghiottito da un pesce che venne poi pescato da un pescatore. L'uomo trovò nello stomaco del pesce il metallo, lo forgiò come punta di una freccia e lo diede a un cacciatore.

Segni di cattivo auspicio, presagi di morte, cominciarono ad apparire intorno e sopra Dwaraka. Tutte le culture antiche osservavano, e osservano ancora oggi, la scienza della divinazione. I numerosi presagi e il loro significato variano a seconda delle culture e possono indicare avvenimenti positivi o negativi. In India, i presagi sono parte integrante della vita di ogni giorno e questa credenza è rispettata dalla maggior parte della gente. Questa scienza è strettamente legata all'astrologia.

Presagi

Ho fatto due esperienze interessanti relative ai presagi e ad altre credenze. La prima fu a Tiruvannamalai negli anni '70. Il mio giardiniere aveva il pollice verde e riusciva a piantare e a coltivare con successo ogni tipo di pianta o ortaggio. Era stato agricoltore per molti anni ma, dopo la morte della moglie, aveva lasciato la fattoria e si era trasferito in città. Quando cercavo un giardiniere, qualcuno mi parlò di lui e fu così che iniziò a lavorare per me. Quest'uomo amava le piante come se fossero sue figlie e il giardino aveva un aspetto rigoglioso.

Una parte del terreno era coltivata a orto. Poiché mi occorreva solo qualche verdura, regalavamo il resto ai vicini. Un giorno andai nell'orto per vedere come stavano crescendo gli ortaggi e vidi un'enorme zucca lunga circa sessanta centimetri. In India si ritiene che la zucca, al di là del suo valore nutritivo, protegga efficacemente contro gli spiriti maligni e il malocchio. Per questo motivo la si appende spesso all'esterno di case ed edifici di nuova costruzione. Mentre mi chinavo per vedere quanto pesasse, sentii come un colpo in faccia e caddi. Rimasi a terra per un po' in uno stato di semincoscienza finché il giardiniere venne a vedere cosa mi fosse successo. Mi aiutò ad alzarmi e mi disse che ci si doveva avvicinare a quell'ortaggio con molta cautela.

L'altra esperienza accadde quando vivevo con Amma, intorno al 1984. Un giovane arrivò all'ashram e chiese di potervi trascorrere qualche giorno, così gli venne assegnata una stanza. Mentre parlavamo, mi disse che sapeva leggere la mano. Prese l'impronta del mio palmo e mi promise che prima di partire mi avrebbe detto cosa aveva scoperto.

Un paio di giorni dopo, verso le quattro del mattino, ero seduto sulla veranda della casa di Amma quando vidi che il visitatore stava partendo. Lo chiamai e gli ricordai la sua promessa. Mi disse che Amma avrebbe viaggiato in tutto il mondo e che io avrei contribuito a farla conoscere. A quel tempo, pochissime persone venivano all'ashram e non avevamo certo il denaro per far viaggiare qualcuno all'estero. Non appena finì di parlare, un geco emise un forte suono.

Indicandolo con un dito, l'uomo disse: "Hai sentito? Quando una persona ha appena finito di parlare e un geco emette quel suono, ciò che è stato detto si avvererà". Molti anni più tardi, ricordai con meraviglia la veridicità della sue parole.

Notando così tanti presagi negativi, Krishna disse alle persone radunate a corte: "Non dobbiamo rimanere qui un attimo di più. Che le donne e i bambini vadano a Sankhoddhara e gli uomini a Prabhasa, sulla costa. A Prabhasa, che tutti si bagnino e venerino gli dèi, i saggi, le mucche e gli altri animali sacri. In questo modo i pericoli saranno evitati e il benessere generale sarà assicurato".

Krishna sapeva che la maledizione si stava per compiere. Poco dopo l'arrivo a Prabhasa, gli Yadava e tutti i loro parenti bevvero un vino molto forte che fece perdere loro la ragione. Cominciarono a litigare tra loro. La rissa degenerò, passarono alle armi e, quando queste non furono più sufficienti, presero l'erba impregnata della polvere del pestello di ferro. Morirono tutti eccetto Krishna e suo fratello Balarama.

Balarama si sedette in meditazione e lasciò il corpo mentre era in *samadhi*. Krishna si sdraiò appoggiandosi a un albero, con il piede sinistro appoggiato sulla coscia destra. Confondendo la pianta rosea del piede di Krishna con la bocca di un animale, un cacciatore la colpì con una freccia. La punta della freccia era quella forgiata dal pescatore. Accorgendosi di aver ferito il Signore, il cacciatore lo supplicò di perdonarlo. Il Signore rispose: "Non temere, non hai fatto che attuare la Mia decisione".

Amma dice che nessuno ha potere sugli *avatar*. Tutto quello che accade nella loro vita è frutto della loro volontà; a differenza di noi, non devono rinascere per scontare il karma maturato. Essi vengono e lasciano questo mondo di loro spontanea volontà. Non hanno aspirazioni personali, il loro unico desiderio è condurre le anime sul sentiero che porta a Dio.

CAPITOLO TREDICI

Svegliarsi da un lungo sonno

In India, i monaci vengono chiamati *sannyasi.*

Amma dice che "il *sannyasi* è la persona che ha rinunciato a tutto, che tollera e perdona gli errori degli altri e li guida con amore sulla giusta strada. Costui è l'emblema del sacrificio di sé, vive nella beatitudine e la sua gioia non dipende dagli oggetti esterni, poiché egli trova diletto nel suo proprio Sé".

Il *sannyasi* ha conosciuto le gioie e i dolori della vita, oppure li ha profondamente analizzati, e dopo aver riflettuto attentamente ha deciso di cercare uno stato che li trascenda. Come sa che esiste un tale stato? Grazie all'incontro con un *Mahatma* che ha fatto l'esperienza della Verità più alta o, più probabilmente, attraverso lo studio delle scritture del *Vedanta* che descrivono ed esaltano lo stato sublime della realizzazione del Sé.

In India, come parte integrante della loro educazione, era tradizione che i giovani avessero queste opportunità. Infatti, si riteneva che un bambino dovesse recarsi da un guru sapiente e acquisire una vasta conoscenza dei molteplici aspetti, materiali e spirituali, della vita. Di norma, quando il ragazzo cresceva, si sposava e creava una sua famiglia continuando a svolgere le proprie pratiche spirituali e religiose. Quando i suoi figli diventavano adulti, si ritirava nella foresta per purificarsi profondamente dalle *vasana* o abitudini mondane accumulate. In questo periodo, egli si impegnava a conoscere il Sé per esperienza diretta e non solo teoricamente, come aveva fatto studiando i testi del *Vedanta*.

Il significato della rinuncia

Nella maggior parte della gente, la parola "rinuncia" suscita un senso di inquietudine: evoca scene di individui che abbandonano i loro cari, elemosinano il cibo e peregrinano da un luogo all'altro cercando l'Illuminazione. Molti hanno una concezione errata del vero significato della rinuncia. Rinunciare è come svegliarsi da un lungo sogno, come un serpente che ci sveglia da un incubo.

Mentre dormiva, un uomo fece un brutto sogno: sognò di essere molto povero e di dover rubare per sopravvivere. Divenne così un ladro. Venne colto sul fatto e denunciato alla polizia. L'uomo si rivolse a molte persone – amici, famigliari, avvocati – in cerca d'aiuto. Pregò Dio e diverse divinità, fece tutto il possibile, ma senza risultato, e fu infine arrestato e imprigionato. L'uomo era profondamente scosso da quello che gli stava succedendo. Mentre si trovava nella depressione più nera, un enorme serpente entrò nella cella e lo morse. Urlando per il dolore, l'uomo si svegliò.

Il nome di questo serpente è "rinuncia". Quando ci morde, iniziamo a destarci dal sogno di *maya*. La sensazione, la profonda convinzione che questo mondo è l'unica realtà e che la felicità, la pace, la beatitudine, i piaceri e le gioie che cerchiamo si possono trovare in questo mondo, fa parte di un lungo sogno. I pochi momenti di felicità che il mondo ci dona sono sempre troppo brevi. La gioventù, lo svago e il divertimento fanno parte della vita. La malattia fa parte della vita. La vecchiaia fa parte della vita. La morte fa parte della vita. Tutti hanno problemi e, alla fine, tutti invecchiano e muoiono: è inevitabile.

Come svegliarci dunque da questo sogno? Che lo vogliamo o no, giungeremo infine a un punto in cui il sogno non ci darà più quello che desideriamo costantemente: una pace che è beatitudine. Tutto questo accadrà semplicemente, fa parte del naturale processo evolutivo.

Immaginate che qualcuno venga da voi e vi chieda: "Che macchina hai?"

"Una Fiat".

"Senti, ti cedo gratuitamente la mia BMW se mi dai la tua Fiat". Rifiutereste? Se vi offrissero un impiego migliore, lo accettereste di sicuro.

Se qualcuno vi facesse questa proposta: "Posso trovarti un ragazzo o una ragazza più dolce e più bella", probabilmente rispondereste: "Fantastico!" Sono innumerevoli le occasioni di poter migliorare, andare avanti, ricevere una promozione. Rinunciamo senza sforzo a una di poca importanza, di minor valore, per qualcosa di migliore. È un comportamento naturale, nessuno ci deve convincere a farlo.

La vera rinuncia avviene in modo simile. Nel corso del peregrinare che porta tutti gli esseri viventi da una vita all'altra per tornare alla sorgente dalla quale tutto ha avuto inizio, arriva un momento in cui non si desidera altro che conoscere l'essenza del proprio essere per dimorarvi. Tutto il resto, dal filo d'erba al mondo celeste più elevato, non ha più alcuna attrattiva, tutto sembra essere inconsistente.

Ecco come Sri Ramana Maharshi descrive questo cambiamento:

> "L'acqua evapora dal mare e forma le nubi, poi scende come pioggia e torna al mare sotto forma di fiumi; nulla può impedirle di tornare alla fonte. Allo stesso modo, nulla può trattenere l'anima che Tu hai creato dal ricongiungersi con Te, anche se incontra sul cammino numerosi vortici. Un uccello che spicca il volo e si libra nel cielo non può trovare riposo fermandosi a mezz'aria, deve scendere sulla terra. Così, ciascuno di noi deve cercare la propria strada e, quando l'anima trova il cammino verso la sua sorgente, fluisce e si immerge in Te, o Arunachala, Oceano di Beatitudine!"
>
> – *Sri Arunachala Ashtakam, v. 8*

*Quando arriva questo momento decisivo per la nostra ev*oluzione, può capitarci tra le mani un libro o una foto, oppure possiamo sentir parlare di una persona come Amma o ascoltare uno dei suoi *bhajan*. Forse alcuni leggono per la prima volta la *Bhagavad Gita*, la Bibbia o un altro testo sacro e provano un senso di stupore, come se si svegliassero da un lungo sonno. "Ah, è questo! È qui la vera gioia che cerco da tempo, la risposta ai miei dubbi e alle mie domande!"

Quante persone sono andate da Amma, hanno poggiato il capo sulla sua spalla o sul suo grembo e, in quell'istante, hanno intravisto un barlume della beatitudine che non avevano mai assaporato se non forse nella prima infanzia, la beatitudine che un bambino prova tra le braccia della mamma – spensierato, sereno, immensamente felice.

Persino dei settantenni e degli ottantenni hanno avuto questa esperienza tra le braccia di Amma. Si trattava di qualcosa che era probabilmente sepolto dai ricordi, ma non ignoto; forse era una reminiscenza antica, di quando erano bambini innocenti. Così, queste persone hanno la fortuna di desiderare ripetere questa esperienza e, a poco a poco, perdono il gusto per altre fonti di presunta felicità.

Il principe e lo yogi

Un principe andò nella foresta per incontrare uno yogi, un *sannyasi*, e si prostrò dinanzi a lui, come si usa fare in India in segno di rispetto. Quando si alzò, lo yogi disse: "La prego, si sieda. Posso farle una domanda? Perché si è prostrato dinanzi a me?"

"Perché", rispose il principe, "lei è un uomo di grande rinuncia. Era un re, come mio padre, e ha lasciato tutto ed è venuto a vivere qui, nella foresta, per fare penitenza. Medita, recita il mantra innumerevoli volte e conduce una vita semplice; ha solo un indumento di ricambio e vive in una capanna. È quindi molto più evoluto di me perché ha rinunciato a tutto. Ecco perché desidero esprimerle il mio rispetto".

Il monaco rispose: "Guardi, se è così, sono io che devo prostrarmi e inchinarmi a lei, perché lei ha rinunciato a qualcosa di più grande. Non c'è nessun monaco nel mondo che possegga un tale spirito di rinuncia".

"Di cosa sta parlando? Ciò che dice non ha senso, non capisco" disse il principe, confuso.

"Lasci che le faccia una domanda: immagini qualcuno che possiede un magnifico palazzo e che raccoglie tutta la polvere accumulata al suo interno per poi gettarla. Lo chiamerebbe un atto di rinuncia? Direbbe che quest'uomo ha rinunciato alla polvere?"

"No, questo non è affatto un atto di rinuncia, l'uomo ha solo buttato via della sporcizia inutile".

"Immagini ora che egli raccolga tutta la polvere, la tenga con sé e getti via il palazzo. Come definirebbe questa persona?"

"Ebbene, è un grande rinunciante: ha abbandonato un bene prezioso, è un vero *sannyasi*".

"In questo caso allora" – disse lo yogi – "lei è un grande rinunciante, perché ha accettato la polvere che è questo corpo e ha rifiutato il suo vero Sé, il Dio che è in lei. Ha tenuto solo la polvere. Chi ha uno spirito di rinuncia più grande del suo? Io non ho rinunciato a nulla, dimoro nel palazzo della Coscienza divina e non mi identifico con questo corpo che è una manciata di polvere. Non ho rinunciato a nulla, ho solo scelto ciò che è più prezioso".

Vivendo la spiritualità, a poco a poco scopriamo che esiste qualcosa che è superiore e più appagante di qualsiasi altra cosa. Si scopre ciò che è sublime: la Presenza di Dio, la nostra vera natura. Solitamente, la maggior parte della gente non è interessata al sublime e cerca per lo più il piacere fisico o mentale. Esiste però un altro tipo di piacere, più nobile e raffinato, che proviamo quando siamo in presenza di *Mahatma* come Amma, oppure leggendo testi sulla spiritualità, meditando, cantando *bhajan* e svolgendo altre pratiche spirituali.

L'attrazione delle abitudini mondane

Ciò che prima ci dava piacere perde il suo gusto, cerchiamo altre gioie, più grandi, anche se potrebbe rimanere il ricordo delle vecchie abitudini e il desiderio di riprenderle. Un diabetico sa che è meglio evitare di mangiare zuccheri, ma rinunciarci non è facile. Per riuscirci, deve ricorrere alla perseveranza e all'autocontrollo.

Dobbiamo mettere in pratica ciò che abbiamo appreso ed esercitare la forza di volontà. Possiamo credere nelle verità spirituali e sforzarci di accedere a piani più alti di coscienza ma, come dice il proverbio, "il cane vecchio non si abitua più alla catena". Non è facile eliminare i vecchi modi di pensare e di agire, che ostacolano i nostri tentativi di sublimare la mente.

Per spiegare come i tentativi di elevare la mente possano essere minati dalle abitudini passate, Amma fa l'esempio di un tubo che perde. Se le tubature hanno dei buchi, la pressione dell'acqua diminuisce. Se viviamo in una casa con diversi bagni e tutti decidono di fare la doccia nello stesso momento, la pressione dell'acqua sarà ridotta. Se siamo al piano superiore, forse dal rubinetto uscirà solo un filo d'acqua. Cerchiamo dunque di innalzare la qualità dei nostri pensieri e della nostra attenzione con le pratiche spirituali e di mantenere la mente nei plessi situati sopra l'addome – nel cuore, tra gli occhi o alla sommità del capo, dove risiede il loto dai mille petali, la dimora di Dio. Tuttavia, le nostre vecchie abitudini ci attrarranno ripetutamente in basso, verso il ventre e i plessi inferiori.

Possiamo paragonare il corpo a una casa con nove aperture che si affacciano sul mondo circostante: sette sono nella testa e due più in basso. Attraverso di esse, ovvero attraverso gli organi di senso, la nostra consapevolezza fluisce costantemente verso l'esterno. Proprio come un tubo che perde, i sensi sono delle "fughe" che disperdono la forza della consapevolezza necessaria a elevare la mente su piani superiori di esistenza per giungere infine all'unione con Dio, nostra Sorgente e nostro vero Sé.

Dobbiamo fare l'esperienza di questa luce di beatitudine e non degli oggetti dei sensi verso i quali essa fluisce. È come nuotare controcorrente per risalire alla sorgente di un fiume. L'alternativa è restare nel mondo di gioie e di dolori.

La collera, l'ostacolo più grande

Per una mente immersa nel mondo, la collera è uno dei principali ostacoli alla rinuncia. Amma dice che forse pensiamo che non ci sia nulla di male nell'arrabbiarsi, ma quando poi ci calmiamo, ci rendiamo conto che questa reazione ha agitato la nostra mente e generato paura e odio negli altri.

Ecco una bellissima storia il cui protagonista è Yudhisthira, imperatore dell'antica India e cugino del Signore Krishna, che era riuscito a dominare quasi completamente l'ira. Quando era piccolo, Yudhisthira studiava assieme ai fratelli e ai cugini. Dopo alcuni mesi di scuola, l'insegnante decise di sottoporli al primo esame dell'anno.

Chiamò i bambini ad uno ad uno e li interrogò: "Cosa hai imparato?" Tutti ripeterono meccanicamente le lezioni. Alla fine, chiamò Yudhisthira e gli chiese: "E tu cosa mi dici?"

"Ho imparato l'alfabeto e la prima frase del libro".

Sorpreso, il maestro domandò: "Tutto qui? Hai imparato solo una frase? Hai impiegato quattro mesi per imparare una frase e l'alfabeto? I tuoi fratelli e cugini hanno letto molti capitoli. Pensavo che saresti diventato un uomo saggio, il prossimo imperatore del paese".

Yudhisthira rispose: "Forse ho imparato anche un'altra frase".

A queste parole, l'insegnante decise di inculcargli con la bacchetta un po' di buon senso e lo colpì sulle gambe e sulle braccia. Avendo perso completamente le staffe, non riusciva più a controllarsi e continuò a percuotere il bimbo per almeno cinque minuti; per tutto questo tempo Yudhisthira mantenne il suo dolce e innocente sorriso.

Alla fine, guardando quel visino, il cuore di pietra dell'insegnante si intenerì. La sua ira svanì, posò la bacchetta ed esclamò: "Perché non sei arrabbiato? Sei il principe della nazione e hai il potere di cacciarmi; io sono solo un maestro. Quando ero in collera con i tuoi fratelli, alcuni di loro mi hanno persino picchiato. Com'è possibile che tu sia così felice e rilassato?"

In quel momento, gli cadde l'occhio sul libro aperto di Yudhisthira. La prima frase era: "Non arrabbiarti mai, non perdere mai la calma". Il maestro non l'aveva mai notata prima. Capì che questo ragazzino non aveva soltanto memorizzato la frase, ma ne aveva anche assimilato il senso; invece lui, il maestro, non aveva imparato nulla nonostante tanti anni di insegnamento. Abbracciò il bambino e gli chiese scusa.

"Non ho imparato niente. Si dice che io sia un professore famoso; ho letto centinaia di libri senza recepire nulla, mentre tu hai completamente assimilato la prima lezione".

Yudhisthira rispose: "A dire il vero, mentre mi picchiavate, ero un po' arrabbiato".

L'insegnante disse: "Questo significa allora che hai anche fatto tuo l'insegnamento contenuto nella seconda frase".

E qual era? "Dì sempre la verità".

Ecco come assimilare e mettere davvero in pratica un concetto, rendere nostro un insegnamento o dominare la collera. Riuscite a immaginare di poter gestire la collera così bene da sopportare che qualcuno vi picchi ingiustamente? Probabilmente, quando qualcuno ci insulta, ci guarda di traverso o ci infastidisce, ci arrabbiamo. In alcuni casi potremmo essere così irritati da minacciare di aggredire o di uccidere quella persona. Abbiamo sentito tutti parlare della rabbia al volante, paradigma dell'impazienza e dell'aggressività. Così nasce la guerra tra due persone, tra due religioni o tra due nazioni.

L'egoismo, un'altra "fuga"

L'egoismo è un'altra "fuga" che ci tiene incollati a terra e non ci permette di ascendere le vette spirituali. Stiamo cercando di realizzare la nostra vera natura, il Sé che è Coscienza infinita ed eterna, ciò che la filosofia occidentale definisce come "anima". L'anima non è un oggetto che possediamo e non è neppure nel nostro corpo. Noi *siamo* l'anima immortale, ma ci siamo identificati erroneamente con questo corpo mortale. L'egoismo ci tiene immersi nel sogno di *maya*, il potere dell'illusione cosmica che dirige la nostra mente all'esterno, allontanandola dal vero "Io", dal nostro vero Sé.

Tutti noi abbiamo incontrato persone egoiste o addirittura sadiche e meschine. Forse siamo anche noi come loro! C'era un uomo estremamente crudele che trovava piacere nel far soffrite i suoi dipendenti. Era come il famoso Scrooge, (l'avaro del romanzo di Dickens *A Christmas Carol*, N.d.T.). Aveva assunto un cuoco e voleva che questi si cibasse solo di avanzi e non mangiasse le pietanze che cucinava. La prima sera il cuoco preparò un piatto delizioso. Quando l'avaro lo vide, pensò: "Non devo lasciare che il cuoco assaggi questo cibo, diventerebbe troppo schizzinoso. Mangerò tutto io".

Disse al cuoco: "Adesso non ho molta fame, mangiamolo domattina". Pensò che, se avesse aspettato fino al mattino, avrebbe avuto così tanta fame da finire tutto senza lasciare nulla al cuoco. E poi aggiunse: "Ma sai che ti dico, chi di noi stanotte farà il sogno più bello, potrà mangiare l'intera pietanza domattina".

"D'accordo", rispose il cuoco.

"Questo tipo è solo uno zotico, un bifolco ignorante. Un simile sempliciotto non farà mai un bel sogno. Vincere la sfida sarà un gioco da ragazzi" pensò.

Il mattino seguente il riccone andò dritto in cucina, impaziente di divorare tutto. Proprio in quel momento entrò il cuoco.

"Allora", disse l'avaro, "cos'hai sognato?"

"Signore, raccontatemi prima il vostro sogno".

"Io ho sognato di essere l'Imperatore del mondo. Il Presidente degli Stati Uniti, il Primo Ministro inglese, il re e la regina di Spagna, tutti venivano a farmi visita e si inchinavano a me. Persino gli dèi facevano la fila in cielo per guardarmi. I saggi e i santi stavano alla mia sinistra e alla mia destra e tutti cantavano le mie lodi".

A queste parole, il cuoco cominciò a tremare.

"Tu invece cos'hai sognato?"

"Signore, io non ho sognato niente del genere".

"Davvero?" Ridendo tra sé e sé, il riccone si diceva: "Perfetto, mangerò tutto io".

"Raccontami dunque il tuo sogno".

"Ho fatto un sogno terribile, un incubo", disse il cuoco. "Un mostro spaventoso mi rincorreva e poi mi ha afferrato e stava quasi per uccidermi".

"D'accordo, e poi cos'è successo?"

Il cuoco rispose: "Il mostro mi ha detto: 'Ti ucciderò a meno che non mangi tutto il cibo in cucina'".

"E tu che hai fatto?"

"Cosa potevo fare? Mi sono alzato, sono andato in cucina e ho mangiato tutto".

"Ma perché non mi hai chiamato?" esclamò l'avaro.

"Signore, ho cercato di svegliarla, ma vedendola a corte, circondato da tutte quelle persone importanti, ho avuto paura. Temevo che mi chiedessero: 'E tu chi sei?' e mi uccidessero. Così, sono andato in cucina e ho mangiato tutto".

Senza che ne siamo consapevoli, le nostre azioni, i nostri pensieri e le nostre parole dissipano gli sforzi che facciamo per crescere spiritualmente: essi sono le "fughe" attraverso le quali si disperde la nostra *sadhana*. Compiamo delle brutte azioni sperando di trarne dei vantaggi, ma spesso esse si ritorcono contro di noi, oppure consolidano questo sogno di vita e di morte, rendendo più difficile il risveglio. Alcuni devoti hanno l'impressione di fare pochi progressi nonostante i loro sforzi. Forse pensano che Dio o il Guru rifiuti loro la Grazia. Dovrebbero invece esaminare con più attenzione i loro pensieri e le loro azioni e verificare se sono sempre più in sintonia con il cammino mostrato dal Guru o se si stanno comportando solo come più gli piace.

La vera rinuncia è resistere all'attrazione delle nostre *vasana* negative, coltivando quelle positive. Non basta lasciare la propria casa e la propria famiglia perché, ovunque andiamo, la mente ci segue. Per alcuni è più facile fare questo fondamentale lavoro di purificazione fisica e mentale a casa loro.

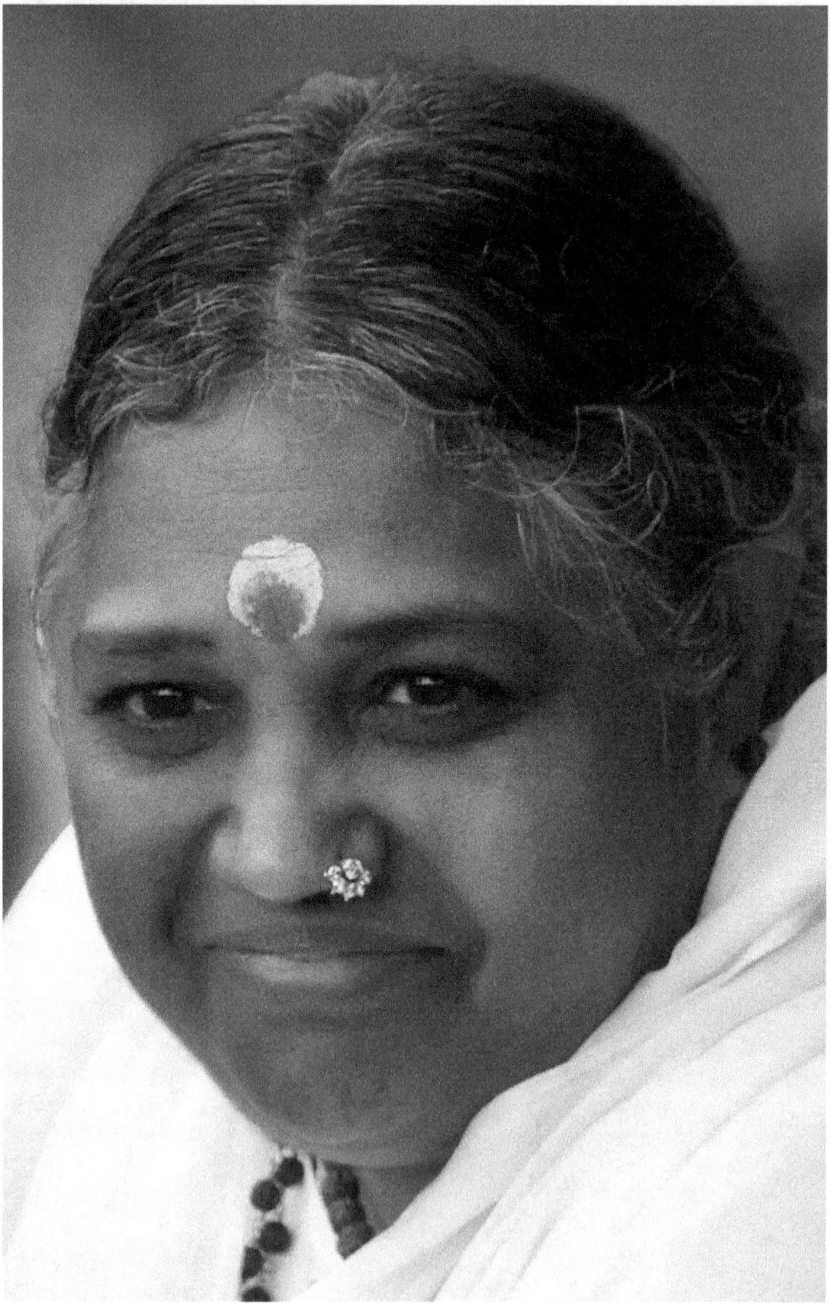

CAPITOLO QUATTORDICI

L'esperienza della grazia del Guru

Si dice che ad alcune anime fortunate, all'inizio della loro vita spirituale sia concessa una visione di Dio o un'altra manifestazione della Grazia divina. Questa esperienza è generalmente di breve durata e di solito non si ripete, ma la sua intensità è tale che, per le persone che l'hanno vissuta, essa diventa una fonte d'ispirazione, un richiamo costante, capace di infondere lo slancio e l'energia necessari nel cammino verso la Realizzazione per il resto della loro vita.

Negli ultimi trentacinque anni, molti devoti di Amma ci hanno raccontato di aver fatto l'esperienza della grazia di Amma in tantissimi modi, molto diversi tra loro. Sembrerebbe che, attraverso di lei, ciò che in passato veniva concesso solo a pochi sia oggi generosamente offerto a milioni di persone.

Si potrebbe persino dire che uno degli scopi principali della vita di Amma sia risvegliare il maggior numero possibile di anime attraverso il suo divino tocco e il suo abbraccio, che producono in chi li riceve un impatto così profondo da trasformare la sua vita. Voglio parlarvi di due devoti che, in epoche diverse, hanno fatto l'esperienza della grazia del loro Guru. Fortunatamente, le loro testimonianze sono state tramandate ai posteri.

Il primo è il saggio Narada Maharshi, la cui vita è narrata nello *Srimad Bhagavata Purana*. La sua biografia merita di essere letta con attenzione perché contiene molte fonti d'ispirazione per i devoti sinceri. Il secondo è un devoto russo del XIX secolo, discepolo del grande Santo Serafino. Il suo racconto è probabilmente unico negli annali delle esperienze di Dio ottenute grazie alla benedizione del Guru.

Molto tempo fa viveva una grande anima, Narada Maharshi. Era figlio di una domestica che lavorava in una comunità di bramini vedici. Secondo la tradizione, durante la stagione delle piogge molti yogi venivano ospitati in questa comunità e Narada, che aveva solo cinque anni, aiutava la madre a servirli mentre ascoltava le loro conversazioni piene di saggezza.

Quando gli yogi avevano terminato il loro pasto, il bambino mangiava il cibo avanzato, santificato dal loro tocco. In tal modo, la sua mente giovane e innocente veniva purificata. Finiti i monsoni, prima di partire, questi saggi, compiaciuti del comportamento di Narada, gli impartirono alcuni insegnamenti spirituali adatti alla sua età e al suo temperamento. Fu così che il seme del distacco dalle cose del mondo germogliò nella sua mente.

A causa del morso di un serpente, la madre di Narada morì improvvisamente, lasciandolo solo al mondo. Invece di essere turbato, il giovane visse questo avvenimento come un dono di Dio, che lo liberava da tutti gli attaccamenti e da tutte le dipendenze.

Narada si mise in viaggio e visitò molti luoghi. Dopo aver camminato a lungo, entrò in una fitta foresta e si fermò stremato vicino a un fiume, cercando refrigerio nelle sue acque.

Seduto sotto un albero, cominciò a meditare invocando il Signore nel suo cuore, come gli avevano insegnato gli yogi. Lentamente, il Signore si manifestò nella sua mente. Sopraffatto dalla devozione e dal desiderio di Dio, Narada entrò in *samadhi*. All'improvviso, questa esperienza s'interruppe e, sebbene si sforzasse, il giovane non riuscì più a tornare in quello stato.

Estremamente agitato e infelice, sentì allora la voce del Signore che gli diceva: "Narada, mi dispiace, ma in questa vita non potrai più vederMi. Non posso essere visto dagli yogi che non si sono ancora completamente liberati dalle passioni del cuore. Questa volta, la Mia forma ti è stata rivelata affinché cresca il tuo ardore per Me: più ti struggerai per Me, più ti libererai dai desideri".

Non occorre però cercare in un lontano passato per trovare dei devoti che siano stati benedetti da Dio o dal loro Guru con esperienze straordinarie. A volte, può essere più facile rapportarsi con la vita e con le esperienze di grandi devoti vissuti in tempi più recenti. Uno di essi fu Nicolas Motovilov, stretto discepolo di San Serafino di Russia, anima realizzata che visse nel XIX secolo. Nicolas fece l'esperienza diretta della grazia del suo Guru e ne lasciò subito dopo una traccia scritta a beneficio dell'umanità. Nicolas aveva implorato molte volte Serafino di non limitarsi a spiegargli la natura della Grazia divina, ma di permettergli anche di farne direttamente l'esperienza. Ecco il suo racconto:

Allora, Padre Serafino mi prese fermamente per le spalle e disse: "Ora siamo entrambi alla Presenza di Dio, figlio mio. Perché non mi guardi?"

Io risposi: "Padre, non riesco a guardare perché i vostri occhi lampeggiano come fulmini. Il vostro volto è diventato più luminoso del sole e mi fanno male gli occhi".

Padre Serafino sorrise: "Non ti preoccupare, figlio mio! Ora anche tu sei diventato luminoso come me. Adesso sei nella pienezza della Presenza di Dio, altrimenti non potresti vedermi come sono adesso".

Poi, chinando il capo verso di me, mi sussurrò dolcemente all'orecchio: "Ringrazia il Signore per la Sua immensa misericordia verso di noi. L'ho pregato nel mio cuore dicendo: 'Signore, consentigli di vedere chiaramente con i suoi occhi fisici la grazia che concedi ai Tuoi servitori, quando Ti fa piacere apparire nella Luce della Tua Gloria immensa'. E come vedi, figlio mio, il Signore ha esaudito immediatamente l'umile preghiera del povero Serafino.

Come possiamo non ringraziarLo per questo indescrivibile dono che ci ha concesso? Figlio mio, il Signore non mostra sempre la Sua misericordia in questo modo, neppure ai più grandi eremiti. La grazia di Dio ha voluto confortarti come una madre amorevole. Ma perché, figlio mio, non mi guardi negli occhi? Guardami, non avere paura! Il Signore è con noi!"

Dopo queste parole guardai il suo volto e fui sommerso da un timore reverenziale ancora più grande. Immaginate di vedere al centro del sole, nella luce sfolgorante del mezzogiorno, il viso di un uomo che vi parla. Vedete i movimenti delle sue labbra, vedete cambiare l'espressione dei suoi occhi, sentite la sua voce, sentite che qualcuno vi tiene per le spalle ma, tuttavia, non vedete le sue mani, non vedete voi stessi e non vedete nemmeno lui. Vedete soltanto una luce abbagliante che irradia per molti metri e illumina con il suo fulgore il manto nevoso che copre la radura della foresta e i fiocchi di neve che cadono su di voi e sul grande Vecchio. Potete immaginare in che stato mi trovassi!

"Come ti senti ora?" mi chiese Padre Serafino.

"Straordinariamente bene".

"Ma in che modo? Come descriveresti questa sensazione?"

"Sento nell'anima una quiete, una pace che non si possono esprimere a parole".

"Questa", proseguì Padre Serafino, "è la pace di cui ha parlato il Signore quando ha detto ai Suoi discepoli: 'Vi do la Mia pace, non quella che il mondo vi dona'. Il Signore concede a quelli che ha scelto questa pace che stai sentendo dentro di te, una pace che si dice sia oltre ogni comprensione. È impossibile descrivere a parole il benessere spirituale che essa genera nei cuori delle persone in cui il Signore l'ha infusa. È una pace che nasce dalla Sua generosità e non è di questo mondo, perché nessuna effimera terrena può infonderla in un cuore umano. Essa viene donata dall'alto, da Dio Stesso, ecco perché è chiamata la pace di Dio. Cos'altro provi?" mi chiese Padre Serafino.

"Una dolcezza straordinaria".

Padre Serafino continuò: "Ora questa dolcezza sta inondando i nostri cuori e scorre nelle nostre vene con immenso diletto. Questa dolcezza scioglie, per così dire, i nostri cuori e siamo entrambi pieni di una felicità che non si può esprimere a parole. Cos'altro provi?"

"Una gioia straordinaria nel cuore".

Padre Serafino continuò: "Quando la Presenza di Dio discende in un essere umano, ricoprendolo con la pienezza della Sua ispirazione, allora l'anima umana viene travolta da una gioia ineffabile, perché la Grazia di Dio riempie di gioia tutto ciò che tocca. Cos'altro provi?"

"Un calore straordinario".

"Come fai a sentire calore, figlio mio? Guarda, siamo seduti nella foresta. È inverno e sotto i nostri piedi c'è la neve. Su di noi ci sono più di cinque centimetri di neve e sta ancora nevicando. Quale calore può esserci qui?"

"È lo stesso calore che si sente in una sauna quando si versa dell'acqua sulla pietra bollente e si levano nuvole di vapore".

"E l'odore?", chiese, "È lo stesso odore della sauna?"

"No" risposi. "Su questa terra non esiste nulla di paragonabile a questo profumo. Quando la mia amata madre era ancora in vita, mi piaceva danzare e andare ai balli e alle feste e lei mi spruzzava addosso del profumo comprato nei migliori negozi, ma nessuno di quei profumi diffondeva una tale fragranza".

Padre Serafino sorrise dolcemente.

"Lo so bene, figlio mio, proprio come te, ma te lo chiedo per capire se provi le stesse cose. È proprio così. Il profumo più dolce della terra non può essere paragonato a quello che sentiamo ora, perché siamo avvolti nel profumo della santa Presenza di Dio. Cosa può esserci di simile sulla Terra?

Mi hai detto che intorno a noi fa caldo come in una sauna, ma guarda: la neve non si sta sciogliendo, né su di noi né sotto i nostri piedi. Questo calore non è dunque nell'aria, ma dentro di noi. È proprio questo calore a farci gridare al Signore: 'Scaldami con il calore della Tua Santa Presenza!' Grazie ad esso, gli eremiti restavano al caldo e non temevano il gelo dell'inverno, avvolti, come in pellicce, dall'abito donato dalla

Grazia e tessuto dalla Santa Presenza. E così dev'essere, perché la grazia di Dio deve dimorare in noi, nei nostri cuori. Infatti, il Signore ha detto: 'Il Regno di Dio è dentro di voi'.

Con le parole *Regno di Dio*, il Signore intendeva la grazia della Santa Presenza. Ora questo Regno di Dio è dentro di noi e questa Grazia brilla su di noi e ci riscalda anche dall'esterno. Riempiendo l'aria tutt'intorno di molti profumi, addolcisce i nostri sensi con delizie celestiali e inonda di una gioia indicibile i nostri cuori. Il nostro stato attuale è quello di cui si è detto: il Regno di Dio non è cibo o bevanda, ma virtù, pace e gioia nella Sacra Presenza.

La nostra fede non è fondata su parole plausibili della saggezza terrena, ma sulla dimostrazione della Grazia e della Forza. Questo è il nostro stato attuale. Vedi, figlio mio, che gioia indescrivibile ci ha concesso il Signore! Ecco cosa significa "essere nella pienezza della Sacra Presenza". Con la pienezza della Sua Grazia, il Signore ha ora riempito noi, povere creature, fino a farci traboccare. Così, non c'è più bisogno di chiedersi come facciano le persone a essere nella Grazia di Dio".

CAPITOLO QUINDICI

Sadhana e lacrime

Vi confesso che ho esitato a scrivere questo capitolo. So come mi sento a volte quando le persone mi parlano a lungo dei loro problemi di salute e per questo motivo evito di raccontare i miei. Mi chiedo come faccia Amma a stare seduta per così tante ore ad ascoltare un problema dopo l'altro.

Col passare degli anni, tuttavia, molti devoti mi hanno chiesto come facessi a portare avanti la *sadhana* nonostante i miei problemi fisici. Poiché molti di noi dovranno, un giorno o l'altro, confrontarsi con una simile sfida, forse questo capitolo potrà essere utile ad alcuni devoti e ricercatori spirituali. Vi prego quindi di avere un po' di pazienza. Chi non è interessato può chiudere il libro ora, perché questo è l'ultimo capitolo.

Finché vivevo negli Stati Uniti, non ho sofferto di nessuna malattia, a parte quelle tipiche dell'infanzia. Tutti i problemi sono cominciati il giorno che ho messo piede sulla nave che mi avrebbe portato in India, all'età di diciotto anni. Avevo deciso d'imbarcarmi su una nave cargo perché era poco costosa e tranquilla.

Ci volle quasi un mese per raggiungere il Giappone e proseguire poi per l'India. Fin dal primo giorno, cominciai ad avere gravi problemi di digestione. Per dieci giorni non andai in bagno e poi, all'improvviso, dovevo andarci di corsa, ovunque mi trovassi. Non avevo la minima idea di quale fosse la causa. Mi dissi che probabilmente era l'acqua o il cibo sulla nave, ma nessun altro sembrava avere gli stessi problemi, almeno fra le persone che conoscevo.

Questi disturbi continuarono per i primi due anni del mio soggiorno in India, una preparazione per quanto sarebbe accaduto in seguito. Quando ero sulla nave, mi alzavo alle quattro del mattino, facevo la doccia e salivo sul ponte. L'atmosfera pura e la solitudine dell'immenso oceano mi infondevano energia. Sul ponte meditavo, facevo yoga per ore e poi ammiravo lo stupendo spettacolo del sorgere del sole.

Arrivato a Tiruvannamalai, mi sistemai all'ashram; la mia camera non aveva servizi igienici e così dovevo attraversare velocemente il cortile per raggiungere i bagni pubblici a qualsiasi ora del giorno o della notte. Iniziai a pensare che tutto questo non era normale e che dovevo fare qualcosa. Questi disturbi non erano tali da interferire con la mia routine giornaliera, ma mi preoccupavano un po'.

Mi recai da un omeopata che mi diede alcune pastiglie e mi disse di tornare dopo un mese. Fu a quel punto che iniziarono i veri problemi. Appena cominciai a prendere le medicine fui sopraffatto da un'enorme stanchezza. Riuscivo a malapena ad alzarmi dal letto al mattino o a fare qualche passo. Inoltre, i disturbi per i quali assumevo le compresse non diminuivano.

Tornai dal medico per riferirglielo, ma era fuori città. Suo figlio mi disse che tutti i pazienti si lamentavano della spossatezza causata da quei rimedi. Decisi di interrompere la terapia, ma la stanchezza rimaneva. In effetti, è presente ancora oggi.

Provai ad assumere delle vitamine e del cibo sostanzioso, ma senza risultato.

Mi rivolsi così all'allopatia, all'ayurveda, alla naturopatia e al sistema medico Unani. Tutto invano. Prima che comparisse questa astenia, la mia mente era quella di un normale adolescente americano: testarda, arrogante e disubbidiente. Mio padre era morto quando avevo dodici anni e, visto che mia madre non aveva il coraggio di impormi una disciplina, non avevo avuto nessuno che mi tenesse sotto controllo negli anni formativi dell'adolescenza. Questa era probabilmente la causa del mio atteggiamento. Curiosamente, l'arroganza giovanile lasciò il posto a una sensazione di impotenza e poi di umiltà, che a sua volta si trasformò in un senso di pace interiore. Tutto questo accadde abbastanza rapidamente e segnò l'inizio di una lunga pratica: abbandonarsi alla sofferenza e accettare tutto come una benedizione del Guru. È evidente che non avrei mai potuto sviluppare questo atteggiamento interiore solo attraverso la semplice *sadhana*. Per di più, credevo che la pratica spirituale mi avrebbe portato a una condizione di potenza superiore rispetto allo stato mentale delle persone comuni. Non avevo capito che la vera spiritualità consiste nella distruzione dell'ego, che ci fa accedere all'immensità di uno stato in cui l'ego è scomparso. Pur avendo sicuramente letto questo concetto, non l'avevo assimilato e la mia mente arrogante e immatura l'aveva male interpretato.

Per quanto fosse difficile, decisi di continuare a servire il mio maestro spirituale di allora. Ogni giorno celebravo anche una *puja* e studiavo le Scritture. Tutto mi pesava, ma ero determinato a continuare a qualunque costo, convinto che le difficoltà mi fossero inviate da Dio al fine di purificare la mia mente e rendermi spiritualmente forte. Decisi di smettere di fare yoga perché mi prosciugava ogni energia.

Col tempo, iniziai a soffrire di dolori lombari, frequenti emicranie e dolori addominali. Quando il mio maestro morì, nel 1976, ero praticamente confinato a letto: dovevo trascinarmi a carponi in cucina per prendere del latte e un po' di pane, i soli alimenti che non aggravavano il mal di stomaco. Cercavo comunque di mantenere un atteggiamento di abbandono verso Dio. Notando che non uscivo più di casa, il mio vicino venne a farmi visita. Nel vedere lo stato in cui ero ridotto, propose che ogni giorno sua moglie mi preparasse il pranzo. Avevo la sensazione che il mio Guru me l'avesse inviato nel momento del bisogno, perché continuando così avrei rischiato di morire di fame.

Fu in quel periodo che ebbi l'occasione di andare a Mumbai a incontrare Nisargadatta Maharaj, un saggio che aveva realizzato il Sé. Un devoto mi aiutò a fare questo viaggio. Quando incontrai Maharaj, gli raccontai dei miei disturbi e lui mi disse:

> "Riesci a malapena ad alzarti, non è vero? Non importa, il corpo di alcune persone si ammala quando meditano con sincerità e compiono altre pratiche spirituali. Dipende dalla loro costituzione fisica. Non abbandonare le tue pratiche, persisti fino a quando giungerai alla meta o finché il tuo corpo morirà".

Queste parole mi rammentarono quanto Ramana Maharshi aveva detto sulla malattia correlata alla *sadhana*. Un giorno, aveva spiegato a un devoto che nella maggior parte delle persone la forza vitale fluisce all'esterno attraverso i sensi, mentre un aspirante spirituale si sforza di invertirne il corso, affinché essa si dissolva infine nella sua fonte interiore. Tutto questo affatica i nervi: è come costruire una diga su un fiume. Tale affaticamento può manifestarsi in vari modi: mal di testa, dolori fisici, disturbi digestivi, problemi cardiaci o altri sintomi. Il solo rimedio è persistere nella pratica.

Sri Ramana Maharshi ha inoltre spiegato in che modo il Sé si identifica con il corpo e come se ne distacca per realizzare la sua vera natura:

> "C'è un "nodo" che lega il Sé al corpo. Il corpo è materia, il Sé è coscienza. La consapevolezza del corpo è possibile grazie a questo legame. Proprio come la corrente invisibile passa attraverso i fili visibili, la fiamma della coscienza fluisce attraverso i diversi canali o nervi del corpo. Siamo consapevoli del corpo grazie alla coscienza che lo pervade interamente. Poiché essa è presente in ogni parte del corpo, ci affezioniamo ad esso, lo consideriamo come il Sé e vediamo il mondo come separato da noi.
> Quando, attraverso il discernimento, una persona riesce a distaccarsi e ad abbandonare l'idea di essere il corpo e, completamente focalizzata, si interroga sulla natura di ciò che brilla interiormente come "Io", i canali vengono scossi. In questo processo di profondo rimescolamento, il Sé si stacca dai canali e risplende nel congiungersi col canale supremo. Quando la

coscienza dimora nel canale supremo, il legame con il corpo si spezza e si rimane stabiliti nel Sé".

– Ramana Gita

Rientrato all'ashram, decisi di non pensare più alla salute e di seguire il consiglio del *Mahatma*: proseguire la mia *sadhana* e abbandonarmi, accettare. A quel tempo ero sempre allettato. Tra la sofferenza e l'attesa, cominciai a deprimermi. Fu allora che mi capitò di leggere alcune affermazioni di Sri Anandamayi Ma, una *Mahatma* del Nord dell'India. Queste sue parole mi incoraggiarono e mi guidarono:

> "Dio stesso si rivela in una sofferenza apparentemente intollerabile. È impossibile trovare la Madre divina sino a quando non si avrà la fede che tutto quello che Lei fa è per il bene di Suo figlio. Una volta che il Guru ha accettato un discepolo, non lo lascerà mai fino a quando questi non giungerà alla meta. Sforzati, vai sino all'estremo delle tue possibilità, per quanto deboli. Il Guru è presente e porta a compimento ciò che è rimasto incompleto. Cerca di affidarti a lui senza riserve: non proverai più né dispiacere, né dolore, né delusione, né frustrazione. L'abbandono incondizionato a Dio è il miglior conforto per un essere umano".

Poco tempo dopo, mi trovai ai piedi di Amma. Benché malato, mi sembrava di essere in paradiso. Grazie alle sue benedizioni, ritrovai un po' di salute. Riuscivo a svolgere gran parte del lavoro dell'ashram, anche se con grande difficoltà. Attraverso l'esempio e i consigli di Amma, ho a poco a poco imparato a non preoccuparmi troppo del corpo e ad abbandonarmi alla volontà di Dio.

Nel 1990, Amma mi inviò nel suo ashram vicino a San Francisco: tenevo *satsang* e lezioni sugli insegnamenti di Amma alla luce delle Scritture dell'antica India, cantavo *bhajan*, incontravo devoti e scrivevo libri. Era certamente molto faticoso, ma sentivo che poter servire Amma in quel modo era una grande benedizione. Rimasi nell'ashram fino al 2001, ma gli ultimi due anni furono atroci: ero assalito da persistenti emicranie, più dolorose di tutti gli altri miei problemi fisici. Mi era diventato impossibile svolgere l'opera per la quale ero stato inviato lì e così tornai in India.

Mentre si trovava in visita all'ashram negli Stati Uniti, Amma disse a un devoto che avevo un tumore. All'epoca, non ci feci molto caso perché non avevo nessun sintomo. Al mio rientro in India apparve una protuberanza dietro la nuca. Mi fu diagnosticato un raro linfoma, una forma di tumore del sangue che attacca i linfonodi. La letteratura medica diceva che non esisteva nessun trattamento efficace e che l'aspettativa di vita era di circa tre anni. Questa notizia mi rattristò molto.

Decisi allora di mettere in pratica le lezioni apprese: l'abbandono e il distacco. Mi sottoposi all'unica terapia esistente, a base di steroidi, che mi fece aumentare notevolmente di peso e mi debilitò. Andai avanti così per sette anni. Per la maggior parte del tempo, continuavo a lottare e a lavorare all'ospedale AIMS occupandomi di graphic design, appreso a San Francisco.

Dopo sette anni, gli steroidi smisero di fare effetto e il linfoma si scatenò. Il medico mi suggerì una chemioterapia, a cui mi sottoposi per quattro mesi.

Dopo otto mesi di remissione, il cancro tornò, ma questa volta in una forma curabile al 90%. Per quattro mesi affrontai un nuovo ciclo di chemioterapia che produsse una remissione del male che dura ancor oggi, a distanza di cinque anni. Sfortunatamente, un effetto collaterale è rimasto: il gonfiore permanente di una gamba.

Tutti i problemi che avevo quando sono arrivato ad Amritapuri nel 1979 sono ancora presenti, anche se in forma ridotta. Non ci sono mai tempi morti nella pratica dell'abbandono e del distacco. Pare che questa pratica costante porti a poco a poco a uno stato di serenità, libero da paure. Non è forse l'ego, che si identifica con il corpo, a preoccuparsi e ad agitarsi? Abbandonarsi indebolisce e infine distrugge l'ego.

Adi Shankaracharya, insigne filosofo dell'*Advaita Vedanta*, la scienza della realizzazione del Sé insegnata da Amma, dice:

> "Cercare il Sé mentre si continua ad avere caro il corpo perituro è come cercare di attraversare un fiume aggrappandosi a un coccodrillo".
>
> – Vivekachudamani, v.84

Chi, grazie a un karma positivo, sente il desiderio di uscire dal ciclo apparentemente senza fine di vita, morte e rinascita, deve prendere sul serio gli insegnanti degli antichi saggi, le parole di Amma e l'esempio della sua vita.

È evidente che Amma è sempre cosciente delle nostre difficoltà, anche se a volte non lo dimostra. Molti anni fa, agli esordi dell'ashram, Amma venne da me. Era appena rientrata da una visita a un devoto. Mi disse che mi aveva pensato e che aveva composto un canto dal titolo *Ishwari Jagadishwari*:

O Dea, Dea dell'universo,
Protettrice e Dispensatrice di Grazia
e dell'eterna Liberazione,
rimuovi ogni mio affanno.

Ho visto i piaceri di questo mondo
così pieno di sofferenza.
Ti prego, non farmi soffrire
come la falena che cade nel fuoco.

Dinanzi a me c'è il cappio dei desideri,
alle mie spalle quello della Morte.
Non è un peccato, o Madre,
giocare ad annodarli insieme?

Ciò che appare oggi, domani sarà scomparso.
O Pura Coscienza, questo è il Tuo gioco.
Ciò che realmente è, non può essere distrutto. Tutto
ciò che perisce è transitorio.

Non indicarmi la via sbagliata,
effondi su di me la Tua Grazia, o Eterna!
O Madre che allontani ogni tristezza,
rimuovi il mio fardello di dolore.

O Madre del mondo,
a mani giunte Ti supplico,
fa' che io realizzi il fine della nascita umana.
O Signora del mondo, Essenza di ogni cosa,
mi prostro ai Tuoi piedi.

Chi cerca seriamente il Sé deve necessariamente passare attraverso così tante sofferenze? Non lo so. Credo che ogni *jiva*, ogni anima, abbia un suo proprio percorso verso Dio. Fortunati sono quelli che hanno trovato rifugio in Amma, che può guidarli fino alla Meta e che lo farà, indipendentemente da quanto tempo ci voglia. Qualunque siano le prove da affrontare, abbandonarsi al Guru come un bambino si abbandona a sua madre è la via maestra per la Liberazione.

www.ingramcontent.com/pod-product-compliance
Lightning Source LLC
LaVergne TN
LVHW051737080426
835511LV00018B/3113
9781680377156